채워지다

채워지다

성귤

김명주(金明住)

박진아

후추

수현

김정은

송은아(宋恩我)

솔미

김범준

누구나 머릿속에 엄청난 세상이 있을 겁니다. 남들에게 내 세상을 공유하고자 하는 마음이 저에게 집필의 원동력이었습니다. 하지만 작가의 길은 왠지 멀게만 느껴졌고 펜을 드는 게 혼자서는 쉽지 않았습니다. 그러다 한 프로젝트를 알게 되었고 9명의 친구들을 만났습니다.

모인 이유는 저마다 달랐습니다. 반복되는 일상을 잠시 벗어나 성취감을 맛보고 싶은 이도, 자신의 이름이 인쇄된 책을 마주하고 싶은 이도, 소중하고 풋풋한 기억을 마냥 휘발되게 두고 싶지 않은 이도 있었습니다. 함께하니 펜을 들기가 훨씬 수월했습니다. 하지만 막상 백지에 활자를 채우다 보니 쉽지 않았습니다. 여러 번 막히기도 했고 도중에 포기하고 싶은 생각도 들었습니다. 그렇지만 글을 쓰면서 이전엔 미처 몰랐던 경험도 하게 되었습니다. 내면의 스스로와 대화하며 과거의 상처를 치유할 수 있었고, 본연의 감정과 생각에 몰입할 수 있었습니다. 글을 쓰는 행위가 마음을 진정시키고 너그럽게 할 수 있다는 걸 알게 된 소중한 시간이었습니다.

우리는 앞으로도 계속 글을 쓸 것입니다. 글을 쓰다보면 언젠가 우리는 성장한 모습으로 다시 만나게 될 지 모릅니다. 간단한 6주간의 프로젝트였지만 한 개인에게는 혁신적인 경험이었고 더할 나위 없는 모험이었습니다.

열정을 불태우고 머리를 싸맨 나날을 나눌 수 있어서 행복했습니다. 명주님, 범준님, 수현님, 윤정님, 정은님, 진아님, 은아님, 한나님, 영자님 모두 수고하셨고, 저희를 잘 이끌어 빛나게 해주신 정성우 작가님께 감사드립니다. 훗날 살아가면서 우리가 새로운 도전 앞에서 멈칫하게 될 때, 이 책을 떠올리며 다시 부딪혀볼 수 있다면 좋겠습니다. 감사합니다.

- 공동저자 中 성귤

차 례

리마인드

성귤

성귤　　픽션은 우리가 다양한 인생을 살아볼 수 있도록 해준다고 하죠. 이야기
를 남들에게 전하는 방식은 참 여러가지가 있다고 부쩍 느껴지는 요즘입
니다. 연극, 웹툰, 드라마, 영화 등 다양한 시도 중입니다. 매일매일 새로
운 일들이 펼쳐지네요! 매일 모험하면서 재밌게 살려고 합니다.

창 밖으로 하늘이 석양에 젖어들고 있었다. 해가 부쩍 짧아졌다. 어느덧 올해도 절반이 지나갔다. 괜시리 나이를 되짚어봤다. 등받이를 최대한 젖혀 기지개를 켰다. 그 자세로 고개를 오른쪽으로 돌리면 대기실에 환자가 얼마나 기다리고 있는지 볼 수 있었다. 슬슬 환자들이 자리를 채웠고, 환자 차트가 빠르게 쌓였다. 근처 회사의 퇴근 무렵이었다.

핸드피스와 썩션 소리가 치과에 울리기 시작했다. 환자 서너명을 동시에 앉혀놓고 진료하다 보니, 야간 진료는 유독 정신이 없다. 강남역 대형치과만큼은 아니더라도 A역에서 나름 안정적인 매출로 접어든지 어느덧 5년이 흘렀다. 이렇게 병원이 잘 되니 행운아라며 친구들이 부러움 섞인 눈빛을 보낼 때면 겸손한 척 웃어넘기지만, 그냥 운으로 된 게 아니다. 대출을 꽤 많이 끼고 자신있게 시작한 치과인데 처음에는 생각만큼 잘 되지 않았다. 대학 시절 손재주가 좋은 편이었는데, 막연하게 정직하게 치료하면 사람이 알아서 몰려올 것으로 여겼다. 기대와 달리 몇 달이 지나도, 사람들은 그저 방송에 나왔을 뿐인 대형 덤

핑 치과를 선호했고 나에겐 치료할 기회를 주지 않았다. 텅 빈 예약표를 보면서, 이러다 망하는 건 아닌지 하루 종일 입술을 뜯었다. 그 때부터 병원을 알려보려고 버스 광고, 길거리 전단지부터 인스타그램 홍보, 나중에는 주위 초등학교에 구강 검진도 죄다 신청해서 나갔다. 몸은 힘들었지만 그렇게 닥치는대로 공격적인 마케팅을 했더니 이제 먹고 살 걱정은 덜었다. 덕분에 눈코 뜰 새 없이 바빠져서 요즘은 여러번 온 환자들도 얼굴을 모르지만, 감사하며 살고 있다.

마지막 치료를 마무리하고서야 제대로 허리를 펼 수 있었다. 어느새 바깥은 완전히 깜깜해졌다. 세 시간 내내 서있었다. 그래도 마지막 환자가 간단히 끝나서 개운했으나, 직원들이 슬슬 마감을 준비하는 모습이 거슬렸다. 진료 시간 끝나기 전에 미리 퇴근 준비하지 말라고 그렇게 일렀건만. 요즘 직원들은 표정도 뚱하고 환자 유치나 매출에는 일절 관심이 없다. 한 마디 하려고 입을 떼려는 순간, 왼쪽 목이 끊어질 듯이 저려왔다. 몇 시간 동안 고개를 제대로 들지 못한 게 화근인 모양이었다. 뻐근한 목을 문지르며 원장실로 들어와 차팅을 마무리하며 저녁으로 배달시킨 닭가슴살 샌드위치를 베어물었다. 고급 재료만 썼다더니 몇 입 씹어봐도 별 맛이 안난다. 학생 때 먹던 천오백원짜리 편의점 샌드위치가 그리워졌다. 밤 9시가 다 되어서 저녁이랍시고 먹으려니 그럴지도 모르지. 이거라도 우겨넣을까 하다가 왠지 음식 생각이 사라져서 포장지로 대강 덮어버렸다. 빨리 퇴근하는 게 상책이라고 되뇌이던 중, 누군가가 문을 두드렸다.

"원장님, 환자 한 분이 지금 봐달라고 오셨는데 돌려보낼까요?"

문 너머 실장의 목소리에서는 제발 환자를 돌려보내자는 간절한 마음이 느껴졌다. 저 이는 일을 빠릿빠릿하게 하는 건 좋지만, 가끔 속이 빤히 보였다. 예약 현황을 흘끗 확인해 보니 처음 방문하는 사람이었다. 보아하니 대충 진료실을 정리하고 퇴근 준비를 마친 것 같은데, 지금 저 환자를 받으면 일을 두 번 해야 하는 상황인 모양이었다. 문득 내 말을 듣지 않은 직원들에게 본보기를 보여줄 좋은 기회라는 생각이 들었고, 나는 보란 듯이 높은 목소리로 아직 진료 시간인데 당연히 봐드려야 하지 않겠냐고 꾹꾹 눌러 말했다. 퇴근하고 싶은 마음은 나도 누구 못지않았지만 18살 여자 아이라면 뭐 해봤자 간단한 충치 치료나 매복 사랑니일 것이다. 상담만 해주고 치료 약속은 따로 잡는다면 5분이면 충분하다.

텅 빈 진료실에는 10월에 어울리지 않는 반소매 티셔츠 차림의 여자 아이가 앉아서 주위를 두리번거리고 있었다. 뿌리 염색이 필요해보이는 탈색한 머리카락과 잔뜩 상한 머릿결, 오른 팔꿈치부터 손등까지 크게 새겨진 문신은 앳돼보이는 얼굴과는 잘 어울리지 않았다. 손가락 끝에는 언뜻 봐도 밴드가 서너개는 붙어있었고 목 뒤에는 파스가 붙어 있었다. 보호자도 없이 온 이 아이는 아무래도 정규 교육과정을 밟고 있는 평범한 고등학생으로 보이지 않았다.

나는 경계심이 들어 일단 멈칫하고 환자 차트를 다시 한번 꺼내들었다. 경험상 독특한 환자들은 예민하거나 보통내기가 아닌 경우가 많았다. 내원 목적도 남달랐다. 흔한 충치나 사랑니보다는, 미백이나 라미

네이트처럼 미용 목적이려나? 환자에게 말을 걸기 전 파노라마 엑스레이를 이잡듯이 샅샅이 훑어보았다. 행여라도 뭔가 놓치지 않기 위한 내 습관인데, 앞니 하나에 충치가 있고 깨진 거 빼고는 딱히 별 이상은 없어 보였다. 간단한 진단만 내리고 다음에 부모님과 함께 다시 오라고 하면 될 것 같았다.

"어디가 불편해서 오셨나요??"

"저, 앞니 좀 오늘 뽑아주세요."

예상 밖이었다. 곁에 서 있던 직원도 짐짓 놀란 눈치였다. 아이가 뽑아달라는 치아는 엄연히 치료해서 오래 쓸 수 있는 멀쩡한 치아였다. 지금까지 썩어가는 치아를 살려달라는 환자는 봤어도 다짜고짜 치아를 뽑아달라는 환자는 보지 못했다. 심지어 스무살도 안 된 어린애가 사랑니도 아닌 앞니를 이 늦은 시간에 당장 뽑아달라니. 장난처럼 들리는 말에 약간 힘이 빠졌다.

"이가 흔들리거나 불편하신가요?"

"네 좀 아프구요, 그냥 아무튼 뽑고싶어요."

엑스레이보다 실제 앞니 손상은 좀 큰 편이었다. 살짝 건드려보니 아이는 살짝 어깨를 움찔거렸다. 깨져나간 부분은 엑스레이로 본 것보다는 크기가 컸지만 이 정도면 잘하면 레진으로 끝날 수도? 운이 없으면 신경치료에 크라운 치료까지 가려나? 나이가 어린 환자는 치수강이 커서 생각보다 신경 치료까지 이어지기가 쉽다. 치료해보기 전엔 얼마나 걸릴지 알수가 없는 노릇이라 당일 치료를 해줄 수도 없었고, 뭐 아무리 상황이 나빠도 절대로 뽑을 치아는 아니다. 나는 최대한 친절하게 말을 건넸다.

"지금 치아가 아픈 건 이해를 하지만, 위급하지 않으니 내일 병원 열면 부모님 모시고 다시 오시고..."

"부모님 없는데요."

너무 차갑게 말을 끊어버린 환자의 단호함에 진료실에 잠시 정적이 흘렀다. 실수한걸까? 부모님이 안계시다는 건지 지금 잠깐 연락이 안 된다는 건지 궁금했지만, 굳이 캐물을 필요 없는 부분이었다.

"아무튼 지금은 병원이 끝나서 도와드릴 수 있는 게 없습니다. 보호자 데리고 다시 내원해주세요."

"보호자 같이 못 와요. 저 그리고 꼭 이 치과에서 뽑고 싶어요. "

여자 아이는 말을 마치고 약간 긴장한 듯 입술에 힘을 주었지만, 이건 쉽게 들어줄 수 있는 요구가 아니었다. 자연치를 최대한 살려야 한다는 의사로서의 사명감을 차치하더라도 현실적인 문제가 남아 있었다. 자연치를 뽑았다가 나중에 내 치아를 돌려내라며 의료 소송을 걸어오는 환자가 있다는 소문이 업계에 떠도니 말이다. 일단은 오늘은 거절의사를 분명히 밝히고 아이를 돌려보낼 수밖에 없었다.

병원 문 닫을 시간이니 돌아가주시라고 재차 다그치고 나서, 나는 슬프게도 지하주차장이 아닌 원장실로 다시 돌아왔다. 문제의 소지가 있는 환자를 두고 퇴근할 수는 없는 일이었다. 직원이 내일 다시 오시라고 실랑이하는 소리가 아직 들려왔다. 어느새 마감 시간이 훌쩍 넘은 걸 보니 다같이 초과수당을 신청하겠구나 싶었다. 슬쩍 내다보니 환자는 여전히 앉아서 대답없이 고개를 숙이고 있었다. 직원들 버릇을 고쳐주겠다며 환자를 앉힌 내 자신이 원망스러운 순간이었다. 5분은 무슨. 나는 애꿎은 손톱을 매만지면서 환자가 가길 기다렸다.

30분이 다 되어도 해결될 기미가 보이지 않았다. 보통 사람이라면 눈치가 보여서라도 일어날텐데 염치가 없는 아이라고 생각했다. 직원들이 어르고 달래도 별 소용은 없었다. 어차피 시간이 갈거면 그냥 임시 처치라도 해주고 보낼 걸 그랬나 싶었지만, 이미 엎질러진 물이었고 이제는 직접 나서야했다. 불편한 얘기를 환자에게 직접 말하는 건 정말 내 취향이 아니지만, 아이에게 가서 지금 일어나지 않으면 영업방해죄로 경찰을 부르겠다고 협박조로 얘기했다. 꼼짝도 않던 아이는 경찰이라는 소리에 원망스러운 눈으로 올려보더니 알겠다고 기어들어가는 목소리로 대답했다.

병원 문을 나서는 아이의 뒷모습을 보고있자니 후련하면서도 마음 한 구석이 불편했다. 이건 명백히 환자가 억지를 부린 거고, 나와 직원들은 피해자 입장이니 잘못한 건 하나도 없다. 그렇지만 괜히 미안한 감정이 드는 동시에 짜증이 밀려왔다. 아이가 마지막에 쳐다보던 눈빛이 생각이 났다. 직원들은 왜 이거 하나 해결 못해서 결국 내가 나서게 하는 건지. 저 아이는 내일 올 때는 보호자랑 같이 오긴 할런지. 문을 나서면서 직원들에게 내일은 진료 마감 직전엔 절대 환자 받지 말라고 으름장을 놓고 문을 나섰다. 그냥 오지말고 다른 치과로 가버려도 좋겠다고 생각했다.

다음 날 아침, 직원들이 내원확인 전화를 수차례 걸었지만 아이는 받지 않았다. 정 아프면 다른 치과에 가겠지. 골치아픈 일이 생기지 않아도 된다는 생각에 내심 후련했지만 언제 무작정 올 지 모르니 찜찜했다. 뭘 잘 모르는 어린아이 같던데 어디가서 정말 발치를 해버린 건 아닐지 은근히 신경이 쓰였다. 그와는 별개로 하루는 어김없이 바쁘게 시작되었다. 동시 예약자가 서너명씩 잡혀 있었다. 내 몸은 하나지만 직원들의 손을 빌려 어떻게 간신히 돌아가기는 한다. 사실 어릴 때 내가 꿈꾸던 진료는 이런 게 아니었다. 환자들과 치료에 앞서 안부 인사를 나누고, 정서적인 유대를 쌓으며 치료하는 의사가 되고 싶었다. 현실은 차가웠고, 그렇게 했더니 직원들 월급 줄 매출도 나오지 않았다. 오늘은 예약을 쭉 보니 바쁜 와중에 치주 상태가 안 좋은 환자라 까다로운 수술이었다. 그 아이를 생각할 여유는 없었고, 해야할 일들은 많았다. 새로운 케이스를 해내야 했고, 새로운 환자들이 또 나를 기다리고 있었다.

그 아이가 다시 찾아온 건 일주일 뒤였다. 이번에는 진료를 마치고 원장실로 돌아가던 차였다. 진료 마감 10분 전에 문을 열고 들어온 그 아이와 딱 마주쳐버린 것이다. 아이는 내 눈을 피하면서 멋쩍은 눈웃음을 지은 채 고개를 꾸벅 숙였다. 그 웃음에서는 왠지 모를 반가움까지 느껴져 꽤 당황스러웠다. 지금 막 들어가서 옷을 갈아입고 퇴근하려던 참이었는데. 저번 주의 일이 생각나며 나는 잠시 부아가 치밀었지만 일단 원장실로 돌아와 잠시 생각할 시간을 가졌다. 일주일이나 지났는데 여전히 그 때 그 상태인걸까? 아니면 다른 치과에서 정말 이를 뽑았을까? 뽑기는 아까운데 그나저나 왜 또 이 시간에 온 거지? 짧은 순간이었지만 머릿속으로 수많은 물음표들이 스쳐 지나갔다. 민망해하던 얼굴로 보아 딱히 치료를 하진 않은 것 같았다.

저번처럼 실랑이만 하다가 30분 지나갈 바에는 그냥 빨리 봐주고 말까 싶다가도, 한 번 봐주면 버릇이 잘못 들어서 계속 늦은 시간에 무작정 찾아오는 거 아닌가 싶었다. 굳이 같은 시간에 찾아온 걸 보면 악의가 있지 않고서야 사정이 있을 것 같긴 한데, 원칙대로라면 돌려보내는 게 다른 환자들과의 형평성에도 맞을 것이다. 나뿐만 아니라 직원들도 예상치 못한 야근을 해야하고, 물론 내 입장에서는 추가수당도 더 줘야 한다. 또 치료가 잘 끝나면 20분이면 되겠지만, 혹시나 길어지면 한 시간이 걸릴지도 모르는 일이었다. 잠시 머리를 쥐어뜯던 중, 노크 소리가 울렸다.

"원장님, 저번에 그 아이 다시 왔는데요."

직원은 다소 퉁명스럽게 말하며, 종이 쪽지를 나에게 건네줬다. 이시간에 진료 받으러 오신 거냐고 물었더니 아이가 말없이 꼬깃꼬깃한 종이를 내밀었다는 것이었다. 두세번 접은 자국이 난 수첩 낱장에는 검은 네임펜으로 삐뚤빼뚤하게 '치료 허락함'이라고 적혀 있었다. 할머니가 거동이 불편해서 직접 오기 어렵다며 보냈다고 했다. 보통은 보호자가 직접 내원이 어려우면 전화로 의사를 표시하곤 하는데, 직원이 아이에게 전화 통화 가능한지 묻자 할머니는 휴대전화가 없다고 했단다. 치료비는 낼 수 있는 건가하는 생각이 잠깐 들었지만 일단 환자를 앉혀달라고 했다. 왠지 나는 이 아이와 이미 엮인 것 같은 느낌에 항복해버린 것이다. 일단 든든한 실장만 남기고 나머지는 퇴근시켰다. 밤이 길어질 것 같은 예감이 들었다.

치료를 시작하기 전에 일단 궁금한 게 있었다. 왜 자꾸 이 시간에 와서 모두를 곤란하게 하는 건지 물었다. 어떤 일을 배우고 있는데 병원 간다고 빠지기가 어렵다고 중얼거렸다. 미성년자임을 속이고 아르바이트를 하는 것 같았지만 따지지 않았다. 입 안을 살펴보니 당연하게도 상태는 더 안 좋아져 있었다. 치아를 건드리니 아이의 입에서 옅은 신음이 새나왔다. 밥 먹을 때 통증이 계속 있지 않았냐는 내 말에 아이는 고개를 끄덕였다. 그때부터 일주일동안 방치해뒀으니 당연히 증상이 더 심해진 것이다. 약간 안쓰러운 마음도 들긴 했지만 왜 다른데서 치료를 받고 여길 다시 온 건지 이해가 되지 않았다. 보호자가 없다던 말이 떠올랐다. 아마 아이가 주변에 어른이 없어서 몰랐을 수는 있겠지만, 요즘은 일요일에도 여는 치과가 많다. 정 우리 치과랑 시간이 안 맞으면 다른 치과에 가서 치료라도 받으면 됐을텐데.

"요즘엔 일요일에도 치과 여는 곳 있어요. 거기 가도 됐을텐데요."

"알아요. 그냥..여기서 하고 싶어서요."

아이는 잠시 주저하다가 대답했고, 몰랐던 걸 티내고 싶지 않아보였다. 나는 더 이상의 질문을 삼켜버렸다. 도란도란 이야기하고 있을 틈이 없었다. 일단 환자에게 지금은 진료 시간이 끝났는데 자꾸 찾아오시니 할 수 없이 봐드리는 거라고 한 번 더 강조한 후, 현재 상태가 저번보다 안 좋아졌음을 설명해줬다. 확실한 건 신경치료 가능성이 더 높아졌다는 것이다. 앞니에 신경치료를 한다는 건 보통 크라운을 씌워야 한다는 걸 의미한다. 신경치료한 흔적이 밖으로 드러나기 때문인데 즉, 비용이 꽤 들게 된다. 다른 환자도 아닌 이 아이와 돈 얘기를 하고 싶지는 않아서, 실장에게 맡겨야겠다고 마음먹었다. 어시스트를 서야 할 사람이 한참 보이지를 않길래 큰소리로 불렀더니 정작 나타난 건 얼굴도 아직 익숙하지 않은 막내 직원이었다. 뒷목이 뻐근해졌다. 아무리 야근하기 싫기로서니 들어온 지 몇 달도 안 된 막내 직원 남기고 도망갔단 말인가? 배신감까지 들면서 나 혼자 헤쳐나가야 한다는 생각에 짜증이 솟구쳐왔다. 결국 신경치료는 보험적용이 되어서 돈이 거의 안 들겠지만 아마 크라운 치료는 60만원 정도 비용이 발생할 거라고 내 입으로 설명해줬다. 예상은 했지만 아이의 표정은 약간 어두워졌고, 나는 못 본 체 크라운은 나중에 결정해도 되니, 할거면 신경치료부터 얼른 시작하자고 했다. 그저 빨리 통증을 없애주고 집에 가고 싶은 생각뿐이었다. 돈은 다음번에 크라운 치료할 때 알아서 가져오면 되지 오늘 그것까지 신경써 줄 여력은 없었다.

"그럼 치료 시작하겠습니다."

"그럼 저 그냥 이 뽑으면 안돼요?"

심호흡을 한 번 하고 환자에게 다시 천천히 설명해줬다. 지금 치아는 전혀 뽑을만한 상황이 아니며 잘 살려서 쓸 수 있는 양호한 상태고, 무엇보다도 이렇게 어린 환자는 더 심각한 상황에서도 어떻게든 자연치를 쓰다가 나중에 임플란트를 하든지 하는 거라고. 정 내 치료계획에 동의하지 못하겠으면 더이상은 정말 해줄 수 있는 게 없다고 말했다. 아이는 아무 말도 안하고 눈을 내리깔고 있다가, 나를 똑바로 쳐다봤다. 그렇게 얼마간 눈씨름을 하다가 아이는 결국 내 말대로 치료를 받겠다고 말했다. 나는 다시 한번 치료 절차와 주의사항에 대해 반복 고지했다. 벌써 시간이 20분은 지체된 듯 했다. 마취를 하고 퍼지길 기다리는 동안, 세 사람 사이에 정적이 깔렸다. 그래도 환자한테 살갑게 말을 거는 직원들도 있는데 그다지 센스있는 직원은 아니었나보다. 말수가 없는 직원이든지 아니면 갑자기 야근하게 된 데에 대한 항의일 수도 있다. 시간이 지나 마취가 된 걸 확인하고 치아 삭제를 위해 핸드피스를 들었다.

"잠깐만요!!"

심장이 떨어질 뻔 했다. 갑자기 아이가 손을 번쩍 들었다. 보통 유아기 어린아이들이나 보일 위험한 행동을 다 큰 아이가 하다니. 돌발 행동에 대해 항상 대비는 하고 있지만, 엔진이 상당히 고속으로 돌아가기 때문에 아무리 내가 조심해도 크게 다칠 수 있는 상황이었다. 지금 위험하게 뭐하는 거냐며 나도 모르게 큰 소리로 화를 냈다. 진료실에서 환자한테 고함을 친 적은 한번도 없어서 직원의 눈이 동그랗게 커졌다.

나는 치료를 멈춘 채 환자 얼굴을 덮어뒀던 포를 치우고 앉혔다. 지금 다른 사람들이 널 위해 시간 내서 앉아있는 거 알고 있는지, 지금 크게 다칠 뻔 했던거 알고 있는지 아이를 야단쳤다. 원래라면 이렇게 감정적으로 대하지 않았을 상황인데, 나도 지금 감정 컨트롤이 잘 안되는 것 같았다. 마치 부모가 자기 자식을 나무라듯이 지적하고 있었다. 현재 상황이 짜증나기도 했지만 무슨 아이가 이렇게 조심성이 없고 자기 몸을 함부로 하는지 기가 막혔다. 아이는 자기가 잘못한 건 아는지 말없이 또 바닥만 보고 있었다. 몇 마디 더 했더니 아이는 가만히 듣다가 어딘지 어리광을 부리는 것처럼 무서워서 그랬다고 잘못했다고 말하는 것이었다. 어처구니가 없는 이 상황에 나는 그냥 치료를 다시 시작했다.

충치를 제거하다보니 정말 생각보다 범위가 깊었다. 아이가 경제적으로 어떤 상황인지는 모르지만 아마 크라운 치료는 무조건 해야할 듯했고, 오히려 얼마 안 가 임플란트나 안하게 되면 다행이었다. 이 아이는 뭘 알고 이를 무턱대고 뽑아달라는 걸까. 이를 뽑게되면 결국 임플란트를 해야하기 때문에 돈이 더 든다. 차림새는 어른같이 입고 다니면서 세상 물정은 하나도 모르고, 학교는 다니는 건지 아르바이트는 도대체 뭘 하는 건지 여기저기 걱정만 끼치는 사고뭉치 아이가 틀림없었다.

아이는 치과가 익숙하지는 않아 보였다. 내내 주먹을 꽉 쥐고 있었고, 별 자극이 아니어도 갑작스레 몸을 움찔거렸다. 좀 전의 위험했던 돌발행동 때문에 괜시리 나까지 힘이 들어갔다. 겁이 많거나 예민한 환자를 치료할 때는 옆에서 어시스트 해주는 사람과 손발이 잘 맞는 게 중요한 법인데, 옆에는 잔뜩 얼어있는 초보 직원만 있다고 생각하니 머리가 지끈거렸다. 이 예측 불허의 환자가 언제 무슨 행동을 할 지 주의를 기울이면서 치료해야 하니 온 신경을 집중해야 했다. 더이상 치료가 길어지거나 지연되는 불상사가 생기지 않길 바랐다.

'챙그랑'

직원이 들고있던 기구를 실수로 바닥에 떨어뜨리면서 날카로운 금속성 소리가 온 병원에 거슬리게 울렸다. 당연스레 환자가 화들짝 놀라며 고개를 옆으로 홱 돌렸고 나는 반사적으로 움직이지 말라고 고함을 쳤다. 잠시 평화롭던 분위기가 또 한번 서늘해졌다. 치료 시작 전부터 힘이 들어가고싶지 않았는데 미간이 찌푸려졌다. 이럴수록 될 것도 안되는 법이다. 옆에서 긴장해있는 직원의 몸동작이 거슬리기 시작했지만 최대한 신경쓰지 않기로 했다. 일단 시작하고 나니 중간에 멈출 수가 없는 상황이었다. 보통의 환자라면 두세번에 나눠서 했을 치료였지만, 이미 오늘 하루는 망쳤고, 그냥 한번에 해치워버리는 게 낫겠다 싶어 통째로 치료를 진행했다.

이 아이가 병원에 온 지도 거의 한시간 반이 지나가고 있었다. 처음에 실랑이하느라 시간이 꽤 가긴 했지만, 정작 아이는 걱정했던 것과는 달리 어느순간부터 굉장히 협조적이 되었다. 치료가 막바지에 이르렀다. 더이상의 돌발 행동도 없었고 직원도 어느정도 손발이 맞아갔다. 이대로라면 곧 이 치료를 완전히 마무리할 수 있을 것이고, 한동안 귀찮을 일도 없을 것이다. 치료를 마치고 환자를 다시 앉히고 나서야 나는 끝났다는 생각에 안도의 한숨을 쉬었다. 직원이 귀가를 안내하는 동안 나는 조용히 원장실로 돌아와 등받이에 등을 기대고 속으로 내 자신을 다독였다. 시계를 보니 거의 두 시간이 지나 있었다. 이 시간에 퇴근하는 건 치과 문을 연 이래로 처음이었다. 환자가 문을 나서는 것 같은 소리가 들리자 나도 옷을 갈아입을 채비를 했다. 문 밖에서는 직원이 이제 끝났으니 가보겠다는 노크 소리가 들려왔다. 별 도움은 안 되었지만 어쨌든 추가 수당은 제대로 챙겨줄테니 크게 손해볼 건 없을 것이다. 외투를 입다가 스쳐보인 내 얼굴을 보아하니 표정이 말이 아니었다.

　치과 문을 잠그고 나왔더니 복도가 어두컴컴했다. 다른 곳들이 다 문을 닫은 모양이었고 복도까지 불을 다 꺼져있어서 낯선 느낌이었다. 흐린 초록색으로 빛나는 비상구만 저 멀리 엘리베이터 앞에서 빛나고 있었다. 이 건물은 옛날에 지어져서 그런지 엘리베이터가 하나밖에 없는 게 흠이라고 생각은 하고 있었지만 오늘따라 참 멀게 느껴졌다. 괜히 스산한 느낌까지 들어 핸드폰 불빛을 켜고 걸음을 서두르는 도중, 앞쪽에서 불길한 말소리가 도란도란 울려왔다. 엘리베이터 앞에는 좀 전에 나갔던 환자와 막내 직원 둘이서 핸드폰 불을 켜고 무언가를 열심히 상의중이었다. 처음엔 나를 기다리고 생각했다. 하지만 둘의 눈빛을 보아하니 그건 아니었고, 엘리베이터 버튼이 눌리지 않았다. 아예 엘리베이터가 꺼져있는 것이었다. 점입가경이었다. 이 시간에 퇴근을 해본 적은 없어서 몰랐는데, 아예 엘리베이터를 멈춰버리는 게 가능한가? 불현듯 전기를 아끼는데 동참해달라고 붙어있던 안내문이 떠올랐다. 전기료 얼마 아낀다고 밤에는 엘리베이터를 아예 멈춰버린 건물 관리인보다는 당연하게도 이 아이가 원망스러웠다. 아이에게 면박을 좀 주고 싶어서 한 번 흘겨보았으나 그다지 상황 인식이 잘 안되는 모양이었다. 직원 쪽도 별 도리는 없어보였다. 둘은 몇 번 핸드폰으로 검색을 하는 시늉을 하다가 나를 쳐다보고 서있었다. 둘이 서서 내가 문제를 해결해주기를 바라며 서있는 상황이 이제 별로 놀랍지도 않았다. 안될 날은 뭘 해도 안되는 것이다.

　나는 더는 참지 못하고 아이에게 몇 마디 쏘아붙였다. 아무리 상황이 여의치 않아도 병원이 다 끝난 시간에 찾아와서 무작정 부탁하면 끝인지? 다른 병원에 가도 충분한데 왜 꼭 우리 병원에서 치료를 받아야겠다고 고집을 피우는 건지? 지금 본인을 위해 우리 두명이 남아서 추가 근무를 한 건데 이에 대한 미안함이나 고마움의 인사도 없는지 차갑게 물었다. 대답은 돌아오지 않았다. 복도에 내 목소리만 싸늘하게 울렸다. 이 아이에게 화를 낸다고 해서 지금 상황이 나아지지 않을 거라는 건 알고 있지만 참을 수가 없었다. 왜 나한테 이런 불행이 계속 일어나는 건지 짜증이 밀려와 답답했다. 이 두 사람은 별다른 변명이나 사과도 없이 그냥 땅만 보며 서있었고, 나는 마치 학교 선생님이 된 듯한 느낌이 들었다.

　마음 같아서는 손들고 벌을 서라고 하고싶었지만 결국 나는 다시 핸드폰을 들어서 어두운 복도를 비추고 걸어갔다. 둘이서 내 뒤를 따라 쫓아오는 모습이 우습게도 느껴졌다. 엘리베이터 근처의 비상 계단문을 열었다. 굉장히 빡빡하게 문고리가 잘 돌아가지 않았지만, 다행히도 무겁게 문이 열렸다. 이번엔 반대쪽 복도 끝에 있는 비상계단 문을 열어봤지만 문이 잠겨있었다. 비상계단이 잠겨있다니? 관리비는 꼬박꼬박 받아가면서 이 건물 관리는 도대체 어떻게 하는건지, 이제까지 관심이 없어서 알 도리가 없었다. 차라리 건물 복도에 경비 시스템이라도 작동해서 누가 우릴 구하러 왔으면 하는 마음이었는데 우리가 컴컴한 건물을 몇 분간 헤치고 다녔는데도 아무 일도 일어나지 않았다.

나는 체념한 채 다시 치과 문을 열고 들어와 경비 아저씨에게 전화를 걸었지만, 전화를 받을 수 없다는 부재중 통화 메시지만 들려왔다. 불행인지 다행인지 치과 안에는 전기도 수도도 잘만 나오고 있었다. 그래서 건물이 잠긴지도 모르고 남아서 진료를 했던 모양이다. 최악의 상황에는 119에 전화를 걸어야하나 싶었지만 이 밤에 사이렌이라도 울리면 동네에 모양새가 좋지 않을 것이다. 치과 이미지 상 그것만은 정말 피하고 싶었지만 여기서 셋이 밤을 샐 수도 없는 노릇이었다. 일단 경비 아저씨에게 문자를 보내놓고 딱 한시간만 기다려 볼 요량이었다. 최악의 경우에는 119의 손이든 뭐든 빌려야겠지. 일단 이 둘을 상담실 책상에 앉혀두고 부모님께 늦는다고 연락 드리라고 했더니, 이 아이는 또 해맑게 우리 할머니 핸드폰 없다는 소리나 해대는 것이었다. 너 때문에 이 모든 일이 생긴 건 알고 있냐고 핀잔을 줬더니 바로 조용해졌다. 막내 직원은 또 말없이 앉아있었다. 덩달아 할 말이 없어진 나는 허공을 올려다봤고, 셋이서 또 정적이 흘렀다. 치료 받은 데는 안 아픈지 물었더니, 마취되어서 아무 감각도 없다고 자기 볼을 늘리는 게 우습긴 했다. 환자와 얼굴을 마주하고 이렇게 얘기를 나눈 건 오랜만이었다.

손님용으로 구비해 둔 작은 주스병을 몇 개 꺼내오니 책상이 허전하진 않아졌다. 말이 없던 직원이 처음으로 환자에게 질문을 꺼냈다. 왜 맨날 이렇게 늦게 오는지 물었더니 아이는 최근에 돈이 필요해서 아르바이트를 늘렸는데 힘들게 구한거라 뺄 수가 없었다고 말꼬리를 흐렸다. 할머니가 허리가 안 좋아지셔서 움직이기 어려울 정도가 되어 다니던 일을 못 나가게 되었다고 말을 이었다. 나는 아까 크라운 가격이 생각나서 짐짓 안들리는 체 하며 핸드폰으로 시선을 옮겼다. 자세하게는 말하지 않지만 상황상 할머니와 둘이 사는건가 짐작은 했다.

　아이는 한번 입이 트이자 마취가 덜 풀린 어색한 발음으로 얘기를 쏟아내기 시작했다. 몇 달 전부터 밥 먹을 때마다 예전에 깨졌던 치아가 아파와서 모른척 하면 좀 나아질까 하면서 지냈는데, 통증이 자꾸 심해졌다고 말했다. 이가 아프다고 같이 일하는 언니에게 털어놓으니 그 언니가 치과가면 돈이 몇백만원은 들 거라며 겁을 줘서 그냥 꾹 참았다고 했다. 참다가 통증이 심해지니 그냥 아이 생각으로는 뽑아버려도 살 수 있지 않을까 덧니가 심하니까 하나 뽑아도 알아서 치아가 움직여주지 않을까 했다며 웃는 것이었다. 저런 소리를 하면서도 활짝 웃는 걸 보니 아직 현실을 모르는 어린애다움이 좀 느껴졌다. 아이는 마취가 덜 풀려서 입술 느낌이 어색한 지 조용히 입술을 오므렸다 폈다 어색한 표정을 짓고 있었다. 직원은 내 눈치를 살폈지만 특별히 살갑게 말을 걸어오지는 않았다. 지금부터 딱 한 시간만 기다려볼 것이다. 휴대폰을 확인해봤지만 아직 경비원에게 답신은 오지 않았다. 더 이상 일을 벌릴 기력도 남아있지 않은 터라 최후의 수단을 쓰지 않기를 빌었다. 다시는 이렇게 남아서 추가 진료를 하는 일은 없으리라 다짐했다. 한숨이 연거푸 나왔다. 잠시 쉬는 수밖에 없다면 받아들이는 편이 나을테니 자세를 좀 편하게 고쳐앉았다. 막내 직원은 어색하면서도 제법 저 아이랑 뭐라고 떠드는 듯 했으나 뭐라고 하는지는 들리지 않았다. 저 직원이 저렇게 말이 많을 때도 있구나 라는 생각만 들 뿐이었다. 나는 책상 위에 손을 깍지껴서 걸쳐둔 채 멍하니 시간을 보낼 요량이었다.

벽 한 쪽의 장식장에는 상담을 받으러 온 환자들이 한눈에 잘 알아볼 수 있도록 온갖 상패들과 학회 수료증들을 진열해놓았다. 금빛 마크가 달려있는 것부터 대리석으로 만든 것까지 최대한 내가 좋은 사람이라는 걸 알려주기 위해 세워둔 것들이었다. 저 때는 어떻게든 나를 증명하려고 참 치열하게 살았었다. 가만히 그것들을 바라보다 보니 참 바쁘게 살았다는 생각이 들었다. 열개가 넘어가는 상패들과 주위 학교에 검진이나 가끔 들어오는 진로 교육 사진들도 최대한 포장해서 올려뒀다. 진열장을 보면서 어느 새 내 나이가 몇인지 되돌아보니 시간이 많이 지났다는 걸 깨달았다. 저 때는 하루하루 새로운 느낌이 들고 환자 한 명 한 명마다 훨씬 관심을 기울이고 안부를 묻고 지냈었는데 어느새 건조한 무채색의 날들을 보내고 있었다. 왠지 쓸쓸한 느낌까지도 들었다. 하루에도 몇번씩 이 상담실에 들어오는데도 이렇게 허리를 펴고 둘러본 적은 오랜만이었다. 내가 잠시 감상에 젖어있는 동안, 둘은 작은 목소리로 드문드문 얘기를 나누고 있는 듯 했다. 엘리베이터 앞에서 크게 짜증을 낸 후로 내 눈치를 보는 듯 하더니, 그들은 이 상황을 잊은 듯이 간혹 깔깔거리는 듯도 했다. 이 상황에 잘도 웃음이 나는구나 싶긴 했지만 그다지 거슬리지 않았다. 너무 말이 없으면 누구라도 말을 해야될 것 같은 분위기 속에 있으니 차라리 지금 상황이 고마웠다. 사실 나도 원장실에 앉아있지 않고 지금 이 방에 앉아 있는 걸 보면, 지금 이 자리가 나쁘지만은 않은 것 같았다.

　가만히 대화를 듣고 있어보니 꽤 호기심이 발동하는 얘기들이라, 신경 안쓰고 있는 척하긴 했지만 귀를 기울였다. 아이가 다짜고짜 이를 뽑아달라고 한 이유는 내가 예상한 바와 거의 비슷했다. 부모님이 어떤 이유로 집에 같이 안 계신지는 모르지만 할머니와 둘이 살고 있는 것 같았다. 할머니가 최근에 집 앞 계단에서 넘어지신 뒤로 일을 더 하기가 어렵게 되어서, 자기가 아르바이트를 늘리게 되었다는 얘기였다. 치과 치료는 너무 무섭고 싫은데다가 돈도 많이 들 것 같다는 생각에 피하고 있었는데, 점점 아파오니 무서워졌다고 했다. 할머니는 아파서 잘 일어나지도 못하는데 최대한 치과 얘기는 말하고 싶지 않았다는 말에 나는 내심 그래도 철이 든 아이였구나 싶은 생각이 들었다. 직원이 아무리 그래도 이를 뽑을 생각을 다 했냐고 반쯤 무안을 주자 아이는 점점 아픈 치아가 거슬리니까 일단 없애버리고, 몇 달 지나 아르바이트로 돈을 모아서 자기가 치료하려 했다고 웃었다. 나는 괜히 손톱을 매만졌다. 중학교 2학년밖에 안 된 아이면 아직 돈 생각을 달고 살지 않아도 되는 나이 아닌가 하며 주제넘은 감정이 잠시 들었다. 요즘은 코로나 때문에 마스크 쓰니까 괜찮지 않냐고 실실거리는 아이 말을 엿듣고 있자니 이제는 귀엽기도 하고 우스웠다. 분명히 모든 상황이 말도 안되는 일들의 연속이었는데 그냥 아이가 자기 얘기를 이야기하는 걸 듣고 있는 것 만으로 마음이 작게나마 풀리고 있었다. 지금도 빨리 집에 돌아가고싶은 마음은 굴뚝같지만 처음만치 짜증이 나지는 않았다. 직원이 생각보다 말을 잘 이끌어내는 사람이라고 느끼며, 나는 라디오를 듣듯이 잠자코 눈을 감고 앉아있었다.

그 때 전화벨이 울렸고, 모르는 번호가 이렇게 반갑게 느껴진 건 정말 오랜만이었다. 아마도 경비원의 전화일거라는 생각에 대기실 로비로 뛰어나갔더니 굉장히 고령으로 느껴지는 경비원이 휴대폰 너머로 웅얼거리며 책망을 해왔다. 나는 개의치않고 지금 상황을 설명하며 빨리 와달라고 정중하게 말했지만, 상대는 내 말을 듣지 않는 것 같았다. 그는 지금 자신이 책임이 없다는 내용의 말들을 계속 반복하고 있었다. 왜 사람이 다 나갔는지 확인 없이 엘리베이터를 끌 수 밖에 없었는지, 비상구 계단은 왜 막혀있는건지, 지금 바로 올라갈 수는 없고 10분내로 가겠다는 말을 들으면서 원래의 나라면 한번 발끈했겠지만 지금은 그저 도움을 받을 수 있다는 생각에 기쁠 따름이었다. 이 반가운 소식을 전하려고 상담실로 다시 들어갔는데 이 둘은 본인들의 얘기에 열중하느라 딱히 나에게는 관심이 없어보였다. 그러고 보니 둘이 나이가 비슷해보였다. 이 직원도 이렇게 말이 많은 성격이었구나. 이 상황에 별 걱정도 안 되는지 둘이 얘기가 한창이었다. 나는 얘기를 끊을 타이밍을 재다가 곧 경비원이 올 거라고 불쑥 끼어들었고, 한동안 말을 안하고 있다보니 꽤 잠긴 목소리로 말이 나갔다. 내가 자신들의 대화를 조금 전부터 듣고 있다는 걸 눈치채지 못했는지 둘은 짐짓 놀란 눈치였다. 나는 신나서 말을 이어갔다. 어쨌든 10분뒤면 우리는 나갈 수 있을 거고, 기다리며 앉아있을 때 가만히 있어도 너무 잘 들리길래 조금 얘기를 들었다. 처음에 다짜고짜 이를 뽑고 싶다고 우긴 이유는 잘 들었는데, 나는 도대체 왜 이 병원을 고집했는지가 궁금하다고 물었다.

잠시 정적이 흘렀다. 직원도 자기도 그게 궁금했다며 아이를 쳐다보고 있었지만 아이는 다시 말이 없어져서 책상 끝만 바라보고 있었다. 나는 가만히 기다리다가 재차 물었다. 아이는 몇 번 입술을 뗐다 붙였다 하더니 기어들어가는 목소리로 대답했다.

"선생님이 예전에 저한테 오라고."

아이는 쑥스러운 웃음을 두어 번 짓더니 나를 한 번 쳐다봤다. 나는 말뜻을 전혀 이해하지 못하고 어깨를 작게 으쓱했다. 몇 년 전에 내가 여기저기 닥치는대로 치과를 홍보하고 다닐 때 초등학교 검진 행사에서 만난 적이 있다고 했다. 사실 그 때 내가 진료 본 아이들만 천 명은 넘을 것이다. 한 아이당 1분 정도의 시간만 들이는 정말 말그대로의 검진이었는데 그 때의 일로 나를 이렇게 찾아왔다는 게 얼떨떨했다. 아이는 전혀 기억을 못하는 나를 보며 조금은 가라앉은 어투로 말을 이어나갔다. 이번에 치료한 이 앞니는 덧니가 심하니까 관리가 어려울 거고 분명히 충치가 생길테니 꼭 양치를 잘 해야 한다고 했단다. 그건 비슷한 상태의 환자에게는 누구에게나 내가 했을 말이라 특별한 일은 아니었다. 내가 그 뒤에 한 마디 덧붙인 말이 있었다고 했다.

"잘 할 수 있지? 나랑 이름이 똑같네. 나중에 아프거든 선생님 치과에 놀러와."

사실 흔하게 할 수 있는 말이었다. 단지 요즘은 이런 말은 환자와 거의 나눈 적이 없었다. 바쁘게 짜여있는 일정을 맞추려면 환자와 작은 대화도 허용되지가 않았다. 더 빠르게 치료해야 했고 더 많이 환자를 보는 것에만 초점을 맞췄다. 예전의 나는 내 치과에 찾아와 준 사람들과 인간적인 관계를 쌓고 싶어했던 기억이 났다. 이 아이와의 기억이 구체적으로 나지는 않았지만 좀 더 마음의 여유가 있던 내 자신이 떠올랐다. 이런 간단한 내 말 한 마디를 기억해준다고? 나는 괜히 얼굴이 뜨거워졌다. 아이는 그 이후로 근처에서 내 치과를 보거나 버스 광고를 들을 때 저 사람은 내 선생님이라고 혼자 반가워했다고 얘기해줬다. 직원이 우리 치과에 문 닫는 시간이라 안 되는 건 알지만 그래도 선생님이 오라고 했던 기억에 다른 곳은 가볼 생각도 하지 않았다고 했다. 정말 특이한 아이였다. 부모님이 평소에 계시면 아이가 아프다는 말에 억지로라도 다른 치과에 끌고 가서 치료를 받게 했을텐데라는 생각이 들었다. 아이에게 그래도 기억하고 와줘서 고맙다는 말을 해야 할 것 같았는데 나는 왠지 말문이 막혔다.

　그 때 경비원이 문 밖에서 우리를 부르는 고함 소리가 들려와서 우리는 의자를 드르륵 끌며 일어났다. 나는 이제서야 아이와 좀 더 얘기하고 싶은 마음이 들었지만 이상하게도 더 말을 꺼낼 수가 없었다. 경비원은 투덜대며 치과 앞에 서서 잔소리를 시작했고 나는 다시 치과 문을 잠궜다. 아이와 직원이 앞서 걷고 나와 경비원이 그 뒤로 엘리베이터를 향해 걸었다. 비상구 문 뒤에 짐으로 막혀 있어서 사용하지 못했던 건 건물 주인에게 비밀로 해달라고 계속 내 옆에서 소근거리며 부탁하고 있었지만 나는 계속 생각에 잠겨 있었다. 예전의 내가 그리던 내 모습은 정말 지금의 내가 맞는가? 나는 지금 누가 원하는 대로 살고 있나? 그러고보니 내 앞에 걷고 있는 이 직원의 이름도 나이도 잘 모르겠다. 이 직원도 갑작스러운 야근에 오늘 힘들었겠구나 하는 생각이 이제야 들었다. 모든 일이 다 해결된 줄 알았는데 오늘 중 가장 이상한 기분으로 1층으로 내려가고 있었다. 오늘따라 엘리베이터 안에서 중력으로 붕 뜨는 느낌이 더 크게 와닿았다. 엘리베이터가 1층에 도착한 후 경비는 뭐라고 덧붙이더니 바람같이 사라져버렸다. 직원과 아이는 나한테 고개를 한 번 숙이고 각자의 집 방향으로 몸을 틀었다. 나는 뭔가 이야기를 더 하고 싶었다. 그러나 평소의 나와 달리 이상하게 입이 잘 안 떨어졌다. 멀어져가는 둘을 보며 나는 더 멀어지기 전에 크게 소리쳤다. "오늘 다들 고생 많았습니다!"

나비가 되어가는 과정

김명주(金明住)

김 명 주(金明住) "저는 결핍 있는 과거 여행자입니다"

내 이름으로 책을 낸다는 건 간절히 소망한 꿈들 중 하나였다. 과거의 겪었던 여러 가지 에피소드를 이야기 쓴 난 길에서 볼 수 있는 평범한 대학생 소녀이다. 결핍이라는 과정을 통해서 점점 만들어진 소중한 '나'라는 사람에 대한 과거의 내용이다. 사람은 추억을 그리워한다고 할까? 나 또한 그러하다. 과거의 많은 점들이 모여 내가 가야 하는 길을 만들 듯, 지금의 나를 만들어준 과거의 나 자신에게 손을 잡아주며, 고생했다고 말해주고 싶다.

instagram: @jju_vling

사랑은 타이밍

"나 남자친구 생겼어."

J를 짝사랑 했었다. 자상하고 멋진 친구 였다. 하지만 J는 좋아하는 여자가 있었다. 물론 사랑에 대한 이야기만 나누었던 것은 아니다. 때론 시시콜콜한 이야기를 나누면서 여러 가지 생각이 들었다. '내가 먼저 좋아하는 티를 내볼까?' 근데 우습게도 친구라는 관계마저 끊어질까 봐 망설이고, 끝내 용기를 낼 수 없었다. 그저 너에게 친한 사람일 뿐이구나. 너의 마음속으로 들어갈 공간이 보이지 않았다. 혼자 씁쓸한 결론을 지어 버렸다. J에 대한 마음은 색종이처럼 접어서 곱게 넣어 두었다. 그리고 점점 거리를 두었다. '여기서 마음이 더 커져버리면 안돼. 상처를 받게 될 거야 마음이 다치고 싶지 않아. 거리를 두자.' 그렇게 점차 시간이 흐르고 나에게 남자친구가 생겼다. 어느 날 갑자기 J한테 연락이 왔다. "내일 뭐 해?" 우리는 만나게 되었다. J에게 말했다. "나 남자친구 생겼어. 그래서 이제 둘이서 따로 만나는 건 안될 거 같

아" 그 순간 J는 말이 없어졌다. 우리 사이에 뭔가 알 수 없는 정적이 흘렀다. 이 어색한 공기, J가 평소와 달라진 거 같다고, 내 직감이 말해 주고 있었다. 드디어 J는 입을 열었다. "누나가 남자친구 랑 잘 만났으면 좋겠어." 웃으면서 대답했다. "그래, 고마워." 손을 흔들며 우리는 각자의 집으로 향했다. 그 다음날 저녁에 장문의 카톡이 왔다. J의 카톡을 읽어 보니 사실 나를 좋아하고 있었다고, 당시 아무렇지 않게 행동했지만 자신이 아닌 다른 남자가 내 옆에 있는 모습을 볼 수가 없다고, 앞으로 서로 연락 하지 않았으면 좋겠다. 라는 말이 적혀 있었다. '도대체 이게 무슨 상황이지?' 머리를 망치로 맞은 느낌이었다. 하지만 이미 늦었다. 엇갈린 사랑, 난 그렇게 나를 좋아해 주던 한 사람을 잃었다.

판단의 기준

"나를 판단하는 열쇠가 아니에요."

"저기 혹시 MBTI가 뭐예요?" 새롭게 만나는 사람들마다 이야기 나
눌 때 하는 첫인사처럼 듣는 말이다. 이게 참 아이러니하다. 지금 우리
나라는 이 심리테스트에 많은 관심을 가지고 있다. 사실 이 테스트가
나오기 이전엔 성격이나 성향은 그 사람을 천천히 알아가는 재미가 있
었다. 단기간에 사람에 대해 태도와 인식, 판단 기능에서 각자 선호하
는 방식의 차이를 나타내는 이 테스트는 4가지 선호 지표로 구성되어
있다. 외향과 내향, 감각과 직관, 사고와 감정, 판단과 인식 이렇게 4
가지 중 각각 한 개씩을 조합하여 16가지의 성격 유형을 제시한다. 최
근 면접 질문도 MBTI에 대한 질문을 받았다. '참고용으로 알고 계세
요. 그건 나를 판단하는 열쇠가 아니에요.' 속으로 말을 삼켰다. 이 심
리테스트는 양면성을 가지고 있다. 물론 맞을 때도 있지만 틀릴 때도
있다. 우린 어떤 상황에서든 사람에 맞춰 변할 수 있는 능력을 가지고
있는데 말이다. 우린 여러 가지 감정을 가지고 현실과 이상의 아슬아
슬한 경계에서 가면을 쓸 수도 벗을 수도 있다. MBTI로 사람을 먼저
판단하고 살아가는 현재가 썩 마음에 들지 않는다. 그것 만으로 사람
들을 판단하기에 무리가 있다.

친구야 고맙다

"공부 그거 어떻게 해야 하는 거야?"

"야 공부해야지 대학교는 나와야 할 거 아니냐?" 나한테 질리도록 공부하라고 말하던 엄마 같은 친구가 있었다. 특이한 이 친구는 제일 중요한 고등학교 시절에 만나게 되었다. 당시 나는 예체능을 하고 있었다. 수업 시간은 자는 시간이었다. 맨 뒷자리에서 잠을 자고 있던 나를 깨우는 친구는 없었다. 어느 날 서로 얼굴만 알던 모범생 친구가 내 짝꿍이 되었다. 수업 시간 종이 울리고 여느 때처럼 엎드려서 잠을 청하려고 하는데, 옆에서 나를 깨웠다. 그 모범생 친구였다. 깨우고선 자기의 교과서를 들이밀며 보여줬다. 상황 판단하려고 다시 그 친구를 쳐다봤다. 작은 목소리로 '네가 잠을 자면 내가 공부에 집중할 수가 없어. 공부해.' 얼떨결에 그 친구의 말대로 처음으로 선생님을 쳐다보면서 수업을 들었고 수업 시간이 끝나고 모범생인 그 친구와 이런저런 이야기를 했다. 너무 오래돼서 자세한 이야기들은 기억이 잘 안 나지만 내가 기억하는 이야기는 이러했다. 네가 꿈을 이루고 싶을 때 공부가 너의 발목을 잡아선 안 된다, 라며 이야기를 해주었다. 네가 당장은 예체능을 하지만 앞으로도 꿈이 달라질 수 있기 때문에 공부는 인생에 있어서 꼭 필요하다고 친하지도 않던 나에게 진심 어린 이야기를 해줬다. 뻔한 이야기였다. 어른들이 나한테 귀 아프게 했던 말들이었지만 동갑이었던 그 친구가 하는 말이어서 그런지 좀 더 설득력 있게 들렸다. 쉽게 말하면 어른스럽게 말하던 그 친구가 왠지 부러워졌고 이미 뭔가를 이뤘던 사람처럼 멋있게 보였다. "그럼 공부 그거 어떻게 해야 하는 거야?" 친구는 웃으면서 "나도 잘하는 건 아니지만 열심히 한다고 하면 도와줄 수 있어. 너랑 대화하면서 느껴져서 왠지 너는 가능성이 보이는 친구랄까?" 내 가능성을 믿어준 사람은 처음이었다. 늦게 잡은 펜과 공부만큼 대학교는 늦게 들어가게 되었지만 좋은 결과였다. 같은 교정을 밟게 되어 뿌듯했다. 시간이 지난 지금 고마움을 책에 남기고 싶다. "친구야 고맙다."

세 발자국

"3발짝이나 가까워진 건 아닐까?"

늦둥이로 태어났다. 열 살 터울의 큰 언니, 일곱 살 터울의 오빠, 그리고 나랑 똑 닮은 친구 같은 쌍둥이 내 동생. 나는 항상 어릴 때부터 시끌벅적한 곳에서 지냈다. 다둥이 가족은 지금 보기 상당히 어렵다. 그래서 이 이야기를 지인들에게 하다 보면 신기하게 생각한다. 보통 사람들은 내가 늦둥이이고 막내라서 사랑을 많이 받고 자라났다고 생각할 수 있겠지만, 엄마 아빠는 너무 버릇없이 자라는 게 걱정이셨을까, 사랑의 매와 냉정했던 이야기로 어린 시절에 상처도 주시고 강하게 키우셨다. 하지만 돌이켜 생각해보면 나에게 결핍과 열정적인 도전 정신을 가르쳐 주고 싶었던 것 같았다. 다둥이 가족으로 살아간다는 건 참 행복한 일이다. 왜냐하면 부모님 외에도 내편을 들어줄 수 있는 사람이 내 옆에 3명이나 있다. 사람은 태어나서 좋은 친구가 1명이라도 있다면 성공한 인생이라고 한다. 그렇다면 나는 성공에 3발짝이나 가까워진 건 아닐까? 난 앞만 달리는 사람이라 주변을 잘 돌아보지 못하는 경향이 있다. 그러다 후회한 순간이 있었다. 할머니가 돌아가셨을 때다. 코로나를 핑계로 2년 정도 만나러 가지 못했는데, 올해 1월 1일에 할아버지를 만나러 가셨다. 그때 깨달았다. 지금부터 라도 내편인 사람들과 추억을 많이 만들어야 한다고, 그들은 기다리지 않는다. 집에 가는 길에 전화를 건다. "응, 엄마 오늘 가족 회식할까? 그리고 고마워 사랑해."

잊지 못할 팀원

"이제 곧 발표 시간이 다가왔다."

참 스펙에 미쳐버린 세상이다. 외국어 뿐만 아니라 공모전 대외활
동 서포터즈 등등 대학생은 해야 할 일 투성이다. 그러다 보니 나도 공
모전에 나가기 위해 여러 가지를 찾아보던 중 타이밍 좋게 같은 과 동
생한테 연락이 왔다. "언니 혹시 시간 괜찮으면 나랑 공모전 준비해서
나가자." 팀원을 모아서 같은 학과 친구들끼리 4명이서 열심히 공모
전을 준비했다. 당시는 겨울방학이었다. 팀을 모았던 H 빼고는 다 처
음 보는 친구들이었지만 어색하거나 불편하지 않았다. 첫인상부터 느
낌이 좋았다. 우리 4명은 방학 때 놀 수 있는 것을 포기하고 다 같이 열
심히 준비했다. S와 G는 아이템을 디자인하고 나와 H는 열심히 기
획했다. 모여서 다 같이 잠을 못 잘 때도 있었지만 그건 중요하지 않았
다. 처음 준비하는 공모전 이 재미있을 수 있구나. 좋은 팀원을 만나서
다행이고 너무나 감사했다. 그렇게 준비해서 발표하는 날이 되었다.
발표 4분에 질의응답도 4분이었지만 생각보다 질의응답 시간은 15분
으로 길어졌다. 우리의 순서는 마지막이었다.. 우리 차례가 되고 준비
한 이야기들을 심사위원 3분에게 이야기하고 질의응답까지 끝났다.
이제 곧 발표 시간이 다가왔다. 우리 모두 긴장했고 기도 했다. 발표가
시작되었다. 믿을 수 없게도 우리 팀을 호명했다. 너무 감격스러웠다.
준비했던 기간이 주마등처럼 지나갔다. 첫 번째 공모전에서 1등을 하
다니… 아직도 당시를 생각하면 어안이 벙벙하다. 인터넷 기사도 올라

오고 행복했다. 팀원들에게 말해주고 싶다. "나는 다시 돌아가도 너희
와 함께 할 거야. 만약에 1등을 못했어도 같이 준비 한 추억들을 잊지
못해 다음에도 함께 하자 고마워. 친구들아."

타임머신

"과거를 재해석한 여러 전시회"

타임머신이 발명됐으면 좋겠다. 현재로선 불가능한 과거 여행이지만 그래도 과거로의 간접 여행은 할 수 있다. 그 멋진 곳은 전시대와 현재를 볼 수 있는 전시회와 박물관이다. 전시회나 박물관을 찾아서 가지 않는 친구들이 내 주변에 있다면 꼭 일 년에 1번은 가보라고 추천한다. 가는 이유는 사람마다 다르지만, 역사가 있어 현재가 있기에 박물관에 가면 남겨진 유물을 바라보고 생각하며 당시의 사람들과 교감을 하려고 노력한다. 과거를 재해석한 여러 전시회, 유물과 어떻게 보전되는지 신기한 보물들을 보관한 박물관 그런 곳을 돌아보면서 역사를 엿볼 수 있기 때문이다. 제일 중요한 건 작품을 천천히 하나둘씩 감상하다 보면 그 작품에 대해 해석하느라 지금 현재의 고민들이 생각나지 않는다. 우린 살아가는 데 있어 정말 많은 고민들을 한다. 어느 정도 살아가는 데 있어 현실감이 있는 것은 중요하지만, 너무 많은 생각을 끌어안고 살다 보니 힘이 겨워 벅찰 때가 있다. 많은 사람들이 워라벨을 찾고 멋진 풍경을 보러 여행을 간다. 나의 취미는 전시회와 박물관을 가는 것이다. 그리고 그곳을 방문한 나는 또 현실을 잠시 잊어본다. 작품을 해석하면서 바라보느라 시간 가는 줄 모른다. 스트레스를 푸는 한 가지의 방법이다. 또 멀리 해외여행을 가지 않아도 외국 유명한 작가들의 예술 작품을 국내에서 볼 수 있다. 과거와 현재가 공존하는 시대를 살아감에 감사하다. '그래 이번엔 어떤 곳으로 타임머신

을 타러 가볼까?'

네모난 플라스틱

"너는 평생 한 가지 직업만 딱 정해서 살아가면 안 되는 사람이야."

처음 타로를 접한 곳은 홍대였다. 젊은이들의 거리답게 무수한 사람들이 발 빠르게 움직이고, 형형색색 네온사인을 켠 많은 상점들이 즐비했다. 당시 불투명한 미래에 대해 많은 의문을 품고 있던 터라, 친구와 거리를 걷는 도중 타로 가게가 보이자마자 마법에 걸린 사람처럼 이끌려 들어갔다. "그래 어떤 고민으로 타로 을 보러 왔니?" 의자에 앉아 뭔가 예리한 눈빛으로 우리를 쳐다보고 카드를 무심코 만지는 타로 마스터를 보며 거짓말을 하거나 속이면 안 될 거 같았다. 바로 단도직입적으로 물어봤다. "제가 앞으로 성공할 수 있을까요?" 너무 모호한 질문이었다. 하지만 친절하게 답변을 해주었다. "미래에 어떤 선물이 펼쳐져 있는지 확인해보자. 일단 카드를 여러 장 뽑아 볼까?" 그렇게 나는 손으로 하나씩 신중하게 카드를 골라 앞에 두었다. 두근거렸다. '뭐라고 이야기 해주 실까? 다른 사람들은 하나둘씩 자신만의 길로 정해서 열심히 전진하고 있는 거 같은데 뭔가 해답을 얻었으면 좋겠다.' 천천히 내가 뽑은 카드들을 살피면서 입을 열었다. "너는 평생 한 가지 직업만 딱 정해서 살아가면 안 되는 사람이야. 한 곳에 얽매이는 것을 싫어해 이동도 많고, 그리고 하고 싶은 게 생기면 우선 시작하고 보는 솔직한 성격이기 때문에 무모한 도전을 좋아하고 누군가는 위험하다고 말할 수 있는 것들을 어렵게 생각하지 않고 바로 도전하는 사람이야." 눈이 커졌다. 사실 나는 엄청나게 도전적인 사람이다. 누군가가 나에게 반복적인 지시를 내린다면 그 일에 대한 흥미가 떨어진다. 난 하고 싶은 게 너무나 많았다. 근데 사람들은 보통 이렇게 들 말한다. 한 우물만 파야 성공한다고. 그러면서 20분간 상담을 해주 주셨다. 감사하다고 말씀드리고 나오려 는데, 뒤에서 나를 불렀다 "마지막으로 해주고 싶은 말이 있어. 남에게 보여주기 위해 그리고 많은 돈을 벌 수 있는 것으로 직업을 선택하지 않았으면 좋겠어. 다양하게 여러 가지를 경험해봐. 그리고 오늘이 지나면 다신 돌아오지 않아." 확실한 해결책은 아니지만 시끄럽던 머릿속은 정리가 되었다. '그래, 남들처럼 살지 말자. 마음이 가는 대로 도전하고, 여러 기술을 익히자 나만의 인생 설계도를 그려보는 거야.' 인생을 들여다볼 수 있는 거울, 네모난 플라스틱이 작지만 나에게 해결책을 건네주었다.

첫사랑

"내 열정을 따라가지 못했다."

"학생 정신을 차려보세요!" 누군가가 말을 건다. 게슴츠레 눈을 떠 보니 내 주위로 사람들이 모여 있었다. '난 분명 초록불이 되고 나서 횡단보도를 건너고 있었는데….' 의식이 끊겼다. 멋진 풍경이 앞에 펼 쳐지고 있다. 난 친구들과 여행을 왔다. 맛있는 음식을 먹고, 파랗고 드넓은 바다에 들어갈 준비를 한다. 구명조끼를 입고 천천히 발을 넣 었다. 바다에 떠다니다가 갑자기 파도가 덮치고 난 숨을 쉴 수가 없 다. 그렇게 점점 바닷속으로 가라앉았다. "죽기 싫어, 그래 이건 꿈이 야 일어나야 해." 일어나 보니 병원이었다. 깨어난 나를 보면서 엄마 가 눈물을 흘리고 있었다. "우리 딸 많이 놀랐지?" 말없이 엄마의 손 을 잡았다. 손등에 눈물이 묻어 있었다. 촉촉했다. 내가 깨어났다는 이 야기를 듣고 병실 밖에서 이야기를 나누던 경찰과 아빠가 들어온다. 자초지종을 들어보니, 횡단보도 중간에서 오토바이와 크게 부딪혔다 고… 사고 난 당시의 기억을 되새김질하려고 노력했다. 머릿속을 정리 할 틈도 없이 담당 의사 선생님이 오셨다. 당분간 병원에 입원해서 재 활치료도 받고 돌아다닐 때는 휠체어로 다녀야 한다고 말씀하셨다. 조 금만 왼쪽으로 부딪혔다면 죽을 수도 있었다고 다행이라며 설명해 주 신다. 그 즉시 내 다리를 쳐다본다. 깁스를 한 두 다리, '선생님 다행히 아니에요.' 눈물이 앞을 가렸다. 중학생이었던 당시 꿈은 안무가였다. 워낙 안무가라는 꿈은 생소했고 예체능을 극도로 싫어하신 부모님은 심하게 반대했다. "딴따라 그게 나중에 돈을 얼마나 번다고 그러니?" 하지만 난 지속적으로 엄마를 설득했다. 성적은 계속 평균 이상을 유지하겠다고 약속했다. 밤낮으로 울면서 매달리고 겨우 허락을 받아냈는데 열심히 배웠는데, 앞으로 좋아하던 춤을 못 출수도 있겠구나 라는 생각에 숨을 쉴 수가 없었다. 극복해보자. 재활치료를 열심히 받고, 회복했다. 다시 춤을 추면서 행복을 느꼈다. 그 이후에 노력을 비웃기라도 하는 것처럼 또다시 교통사고를 두 번이나 겪었다. 입원하고 퇴원을 반복하고 치료를 받고, 부모님의 반대로 예고도 가지 못했다. 하지만 결코 포기하지 않았다. 학원비를 벌기 위해 아르바이트도 병행하며 공부도 했다. 하지만 3번의 교통사고로 약해진 몸은 내 열정을 따라가지 못했다. 레슨을 받을 때 안무가 선생님은 내일도 결석할 거냐고 물어보셨다. 아파서 나가지 못한 건데 난 성실하지 못한 학생으로 낙인찍혀 버렸다. 그리고 같이 배우던 친구들과 나는 실력 차이가 두드러지게 나타났다. 왜 저에게 이런 아픈 시련을 주시나요. 신을 원망했다. 첫사랑은 이루어지지 않는다고 하던데 그 말이 가슴 깊이 다가왔다. 그렇게 나는 내 첫사랑이었던 첫 번째 꿈을 포기했다.

다른 관점

"한이 맺힌 슬픈 선율이다."

"톡⋯ 톡⋯" 창문에 무엇인가 부딪히는 소리가 들린다. 몸을 누었던 침대에서 내려와 창문을 열어본다 "드르륵⋯" 자는 동안 비가 내렸구나. 습한 공기와 서늘한 온도가 얼굴을 감쌌다. '오늘은 오랜만에 약속 있는 날인데⋯' 약속 장소를 가기 위해 나갈 준비를 한다. 집에서 나온 후 지하철로 가는 동안 많은 웅덩이들이 내 앞을 막아선다. '물이 튀면 낭패야' 평소보다 느린 발걸음으로 천천히 고여 있는 물을 피해 걸어간다. 약속한 장소에 도착할 때쯤, 문자가 온다. 도착이 늦어질 거 같다는 친구의 연락. 고개를 돌려 주위를 두리번 거린다. 건너편에 작은 공원이 보인다. 걸어가는데 장소에 가까워질수록 음악 소리가 들린다. 혹시나 그 공연이 끝날 까 봐 나도 모르게 발걸음을 빠르게 움직인다. 검정 모자를 푹 눌러쓴 바이올린을 연주하는 어려 보이는 소년이다. "고등학생처럼 보이는데⋯" 주변 벤치는 축축해 앉을 순 없지만, 많은 사람들이 모여 있었다. 한이 맺힌 슬픈 선율이다. 바이올린에 몸을 맡겨 손을 자유자재로 움직이는 그 모습에 이끌려 한없이 소년을 바라본다. '도대체 어떤 마음으로 연주를 하는 걸까?' 노랫소리 때문인지 습한 날씨 때문인지 소리를 듣는 나도 눈을 감고 생각에 잠긴다. 얼마나 지났을까 조심스럽게 소년은 연주를 멈추고 이야기를 하기 시작한다. "전 눈이 보이지 않습니다. 하지만 제 앞에 많은 관객들이 있는 것은 느껴집니다. 부족한 제 공연을 들어주셔서 감사합니다." 바이

올린을 내려 정중하게 인사한다. 관객 중 한 사람이 이야기한다. "앞이 보이지 않는다고 하셨는데, 사람이 있는 건 어떻게 아시나요?" 초점이 흐린 눈으로 소리가 나는 쪽을 보며 소년은 입을 연다. "비가 내려, 발소리가 평소보다 크게 들립니다. 그래서 웅덩이가 많이 생긴 날 연주하는 것을 좋아합니다." 다시 바이올린 연주를 시작한다. '열심히 피해 다니던 웅덩이가 다른 사람에게 제2의 귀가 되어 줄 수 있다니…' 그런 관점에서도 볼 수 있구나. 깨달음을 준 소년을 바라보며 미소를 지었다. 이렇게 또 소소한 일상에서 하나를 배운다.

대나무 아이

"너무 놀라 입을 벌린 채 그녀에게 물었다."

"할머니 재미있는 이야기 해주세요." 머리칼을 넘겨주며 자장가를 불러주던 그녀에게 말을 걸었다. "그래 오늘은 대나무 요괴에 대해 이야기를 해주마." 잠이 오지 않을 때 그녀에게 듣는 이야기는 스르륵 나도 모르게 꿈나라 속으로 들어갔다. 초롱초롱한 눈빛으로 그녀를 바라봤다. "대나무 통에 사는 삐쩍 마른 어린아이 요괴 란다. 딱 우리 손녀처럼 어렸어. 하지만 그 요괴는 사람에게 병을 옮긴단다. 그래서 갑자기 전염병이 돌 때면 대나무 요괴가 왔다 갔다고 생각했지." "그럼 그 요괴를 만난 사람들은 무조건 병에 걸리는 거예요?" 그때는 죽음이라는 것이 어떤 감정인지 잘 모를 때였기 때문에 쉽게 말을 했었다. "할미가 어렸을 때 친구와 함께 들판을 걷고 있었어. 정신없이 놀다 보니 배가 너무 고파서 집에서 가져온 주먹밥을 먹고 있었단다. 근데 숲 속에서 소리가 났어. 호기심이 많아 숲 속에 들어가 보니 대나무가 많이 있었고, 바닥에는 대나무 통이 굴러 다니고 있었단다. 그때는 요괴가 있는지도 몰랐어. 겁도 없이 굴러다니는 잘린 대나무 통을 세워 두었지. 근데 갑자기 나타난 아이가 우리에게 말을 걸더구나. 배가 너무 고프다면서 우리에게 먹을 것이 있냐고 말이다. 너무나 마른 그 아이를 보면서 우린 가지고 있던 주먹밥을 선뜻 주었어. 허겁지겁 먹고는 아무 말 없이 사라졌어. 그다음 날 집에서 여유 있게 간식을 챙겨서 대나무 숲으로 향했지만 아쉽게도 그 아이를 볼 수 없었어. 그 이후 이상한 소문이 돌았단다. 다른 마을에서 삐쩍 마른 아이를 보고 나서 병에 걸렸다고 말이다. 그래서 할미도 그 아이를 만났다고 이야기했지. 하지만 아무런 병에도 걸리지 않고 건강한 나를 보며 그날 있었던 일을 자세히 말해달라고 하더구나." 너무 놀라 입을 벌린 채 그녀에게 물었다. "그럼 그 요괴가 할머니 말고 다른 사람들에게 나쁜 짓을 한 거예요?" "그때 할머니만 병에 걸리지 않은 이유는 그 아이에게 먹을 것을 주었기 때문이라고 결론이 났어. 아픈 사람들에게 물어보니 아무것도 내어주지 내어주지 않았다고 이야기를 하더구나. 그 이후 마을 사람들은 대나무 숲에 가서 그 아이를 위해 먹을 것을 가져다 두기 시작했어. 그다음 날 거짓말처럼 병이 모두 나았단다. 그날 꿈을 꾸었는데 그 남자아이였어. 집이 너무 어려워 밥을 제대로 먹지 못해 배가 너무 고파서 부잣집에 동냥을 하러 갔다가 대나무로 맞아서 죽었고, 그렇게 귀신이 되었는데 그 한을 풀어줘서 고맙다며 말이다. 마을 사람들은 내 꿈 이야기를 듣고 적어도 굶어서 죽는 아이가 생기면 안 된다며 마을에서 서로 밥을 챙겨주는 따뜻한 문화가 생겨났단다." 성인이 되고 나서 생각해보니 할머니가 어린 손녀에게 말하고 싶은 교훈은 남에게 베풀고 살자는 의미였다. 적은 돈이지만 기부한다. 굶고 죽어가는 대나무 아이가 또 생기지 않도록…

관심받기

"신비한 요정이다."

누구나 나만의 플레이리스트를 가지고 있다. 나는 좋아하는 노래가 생기면 한 곡 반복적으로 계속 듣는 습관이 있다. 노래를 만든 아티스트들은 살아온 환경이 다 다르지만 정말 신기하게도 공감 가는 가사가 많다. 장르도 참 다양하다. 마음이 몽글몽글해지는 노래부터 도입부부터 확 사로잡는 사운드로 고막에 팝콘을 선사하는 노래까지 말이다. 음악은 좋은 점도 있다. 실제로 노래는 쌓인 스트레스가 낮아지고 기분이 좋아진다. 운동을 할 때 동기부여가 되고, 클래식 음악은 불면증 증상을 완화시켜준다. 고작 4분이라는 짧은 시간 안에 뇌에 많은 것들을 전달해주는 노래는 신비한 요정이다. 요새는 시대가 발전해서 모바일로 프로필 뮤직을 설정할 수 있다. 그래서 다른 사람들의 프로필을 보게 되면 만나지 않아도 현재의 감정이 어떤 상태 인지 대충 어림짐작해 알 수 있다. 나도 프로필 뮤직을 자주 바꾸는 편이다. 누군가 내가 설정한 음악을 듣고 내 상태를 체크해주면 좋겠다. 난 가끔 그럴 때가 있다. '관심받고 싶다.' 딱히 누군가에게 아무 말을 안 해도 내 상태를 알아줬으면 하는 그런 때 말이다. 그리고 모른 척 나한테 연락했으면 좋겠다. 별일은 없냐고, 잘 지내고 있냐고 말이다. 차곡차곡 프로필에 보여주기 식 플레이 리스트가 쌓여간다.

혼란

"개운함이란 이루 말할 수 없다."

　병원에서도 처방을 내리지 못하는 큰 병을 가지고 있다. 병명은 '무기력'이다. 잠에서 일어나 할 일을 끝내야 하는데 도무지 이 병은 고쳐지지 않는다. 하루를 시작할 때 제일 좋은 건 아침에 산책을 하는 거란다. 큰 마음을 먹고 나갈 준비를 한다. 참나. 밖에 비가 내린다. "날씨도 도와주지 않네" 날씨를 핑계로 다시 침대에 누워 눈을 감는다. '아무것도 하고 싶지 않다.' 시간이 얼마나 흘렀을까? 핸드폰을 바라보니 시간은 벌써 2시. 야속하게 핸드폰은 내가 일어난 것을 어떻게 알았는지 E한테 카페에 가자고 연락이 와 있다. 너무 귀찮았다. '다음에 보자고 이야기할까?' 그렇지만 이대로 하루를 아무것도 안 한 채 보낼 거 같아서 마음을 다잡고 전화를 건다. "응 그래, 1시간 뒤에 거기서 보자." E와의 만남에서 최대한 어두운 모습을 보여주지 않으려고 웃으며 말을 한다. "근데 오늘따라 왜 이리 표정이 안 좋아. 요새 힘들어?" 열심히 표정을 숨겼는데 거짓말을 못하는 인간 인가 보다. "별일 없어. 괜찮아" 표정관리가 더욱 되지 않아 썩소가 지어진다. "무슨 일인데 말을 해봐." 뭔가 내 무기력증을 들키는 건 내 약점을 보여주는 거 같아서 쉽게 입이 떨어지지 않았다. 역시 집에서 그냥 쉬었어야 했나. E와의 만남을 정리하고 집에 씻고 나와서 위로가 되는 책을 본다. 책에는 '하고 싶은 대로 살아도 괜찮다' 라거나, '질러보라'는 조언들은 실제로 삶에서 실천하기 어렵다. 현실에 맞닿지 않는 듯 한 위로는 오히려 공감이 되지 않는다. 정말 너무도 무책임하지 않은가? 자신이 처한 상황이 사람마다 다르기 때문에 저런 조언은 괴리감이 느껴진다. 한숨을 쉬며 다음 페이지를 넘기고 있을 때 방문이 열린다. 엄마 다. 그 순간 왠지 모를 부담감이 나에게 확 다가왔다. 책상에 딸기를 놓아주면서 어떤 책을 읽고 있냐며 책 제목으로 눈길을 돌린다. 제목엔 '위로'라는 단어가 적혀 있는데 아뿔싸 숨기지 못했다. 뭘 훔치다 걸린 사람처럼 가슴이 뛰기 시작했다. 하지만 그녀는 아무 말없이 딸기를 포크에 찍어 건네준다. 눈물이 났다. 감정이 폭발한다. 말없이 안아주는 그녀의 품에서 소리 없이 운다. 이 눈물은 그녀만 알고 있었으면 했다. 몇 분 후, 울고 나서의 개운함이란 이루 말할 수 없다.

진정이 되고 나서 이야기를 한다. "엄마 사실은요. 제가 하고 싶은 게 뭔지 모르겠어요. 뭐부터 시작해야 할지 모르겠어요. 다른 사람들은 저보다 앞서 가요. 사람을 만날 때마다 뭐하고 사냐는 말을 들을 때 무슨 말을 해야 할지 모르겠어요. 제가 너무 부끄럽고, 한심스러워요. 그래서 아무것도 하고 싶지 않아요." 내 손을 잡아주며 이야기한다. "아무것도 하지 말고 푹 쉬렴. 대신 오늘처럼 엄마랑 대화하는 시간을 많이 가져보자. 대화하기 싫으면 하지 않아도 돼 대신 이야기하지 않는 날은 편지로 이야기했으면 좋겠구나." 그 뒤로 그녀와 정말 많은 이야기를 했다. 엄마의 어릴 적 이야기와 내가 태어났을 때 이야기 많은 것들을 서로 함께 나누게 되면서 소용돌이치던 마음이 자연스럽게 잔잔한 호수처럼 평정심이 생긴다.

엔티제를 위하여

"말은 해보지도 않고 못한다.라는 말이다."

　타고난 선천적인 경향을 파악하기 위해 돈을 주고 검사를 한 적이
있었다. 나라는 사람을 좀 더 이해하기 위해서 말이다. 나는 지도자형
으로 비전을 가지고 사람들을 협력적으로 이끌어가는 사람들이라고
한다. 호기심이 강하고 미래지향적인 나는 원대한 비전을 품고 목표
를 세우며, 그 목표를 달성할 수 있도록 전략과 장기 계획을 수립한다.
한번 목표를 설정하면 어떻게 해서든 그 목표를 반드시 달성하고자 하
는 의지가 있다. 그래서 캘린더가 빽빽하게 적혀 있는데, 솔직히 그러
다 보니 친구들 과의 약속은 진짜 한 달 전부터 미리미리 적어도 일주
일 전에는 정하는 편이다. 플랜을 중요시하다 보니 객관적으로 너무
바쁜 사람, 만나기 힘든 사람이라며 지인들도 이구동성을 말한다. 내
성공은 지인들의 성공이라고 생각하기 때문에 열심히 계획하고 사는
것을 멈출 수 없다. 강한 의지만 있으면 뭐든지 해낼 수 있다고 믿으며
제일 싫어하는 말은 해보지도 않고 못한다. 라는 말이다. 그래서 사람
들을 판단하고, 평가할 때 자신감이 없으면 호감이 떨어졌다. 생산적
으로 임할 수 있는 환경은 목표가 있어야 하고, 성취에 대한 보상이 주
어지는 환경이면 말 도 할 수 없게 너무 행복하다. 분위기는 문제 해결
에 집중하며, 헌신적이고, 능력 있는 동료를 원한다. 하지만 친구들은
능률적인 사람을 보고 고르지 않는다. 공정하고 대등한 관계를 맺는
것을 선호하는 편이다. 다양한 모임에 참석하고 많은 사람들과 사귀는

것을 매우 중요하게 여긴다. 토론하는 것을 좋아하고 아이디어를 통해 논쟁하는 것을 즐긴다. 실제로도 술자리에서 제일 많이 하는 말은 "이 사업 진짜 된다."라는 이야기를 많이 한다는데 그 말에 격하게 공감한다. 창업하려고 생각하고 있기 때문이다. 다만 개발이 필요한 점은 다른 사람의 의견을 경청하고 받아들일 필요가 있다. 다른 사람의 도움을 기꺼이 받아들일 수 있도록 노력하는 행동과 결정을 내리기 전 모든 현실적인 측면을 살펴보고 고려하는 시간을 갖는 훈련을 해봐야 한다. 외향적이지만 회복은 집에서 한다. 스트레스를 심하게 받는 경우는 자기 자신에 대한 의심에 사로잡힐 때인데 그날은 목표의식을 잃을 때나 꿈이 없을 때 집에서 아무것도 안 하고 휴식을 취하며 회복을 한다. 내 감정이나 의견, 관심 분야에 대해 표현하는 것을 불편해하지 않지만 의사소통할 때 개방적이고 솔직한 태도를 부여서 따라서 내 주변 사람들은 나라는 사람을 알기가 정말 쉬운 편이다. 가끔 리액션이 부족하다는 말도 듣지만 그 이유는 에너지를 다른 곳에 쏟다 보니 그런 말을 자주 듣는 것 같다. 꾸준히 새로운 시도와 방법을 찾는 그게 바로 나다.

무채색의 온도

박진아

박진아   18살 때부터 우울증으로 인해 정신과 치료를 받고 있다. 반복되는 우울증
의 악화와 회복 속에서 가족과 친구, 연인의 도움으로 순항하고 있다. 색
상에 비유하여 생각하는 것을 좋아하고, 좋아하는 색은 청보라색과 무채
색이다.

5℃

'삶은 항해다'라는 말을 어디서 들었는지는 기억나지 않는다. 중학생일 때 이 문장을 듣고 크게 감명을 받았던가, 실은 그것도 가물가물하다. 다만 이 문장은 세상과 나를 이해하는 기준점이 되었다. 굉장히 당연하고도 명료한 명제라고 생각한다. 모든 사람이 이 거대한 바닷속에서 각자의 배를 타고 자신의 길을 찾아 항해하고 있고, 바다가 잔잔할 때도 있겠지만 때론 폭풍우가 몰아치거나 거대한 파도를 만날 수도 있다. 다른 배를 만나 함께 항해할 수도 있고, 나보다 조금 더 튼튼하고 많은 자원을 가지고 있는 배를 만나면 도움을 받을 수도 있을 것이다. 애석하게도 나의 항해는 그다지 순조롭지 못하다. 거대한 바다 안에서 나의 배가 침몰하지 않기만 기원할 뿐이다.

나의 배에는 '우울'이란 이름의 닻이 달려있다. 언제부터였는지 명확하게 알 수 없지만 닻은 나와 오랜 시간을 함께하고 있다. 정신과 담당의는 원인을 다양한 곳에서 찾으려고 했다. 유아기 때 부모의 사랑을 느끼지 못해서, 사람들에게 받는 사랑을 의심하는 성격이라서, 자아 형성기에 성폭행으로 인해 자기 결정권을 박탈당한 경험으로 인해서 등. 혹은 모든 이유가 복합적으로 작용했을 수도 있다. 시간이 지나고 치료를 받으면서 그 원인들로 인한 아픔과 원망이 희미해지고 더이상 부정적인 감정이 생겨나지 않게 되었다. 그럼에도 불구하고 여전히 우울은 사라지지 않았다. 이제는 원인을 알 수 없는 우울만 남았다.

그 우울은 매우 무거운 닻처럼 나의 작은 배에 달려 나의 항해를 더디게도 때로는 불가능하게도 만들었다. 종종 배를 아래로, 저 아래로 끌어내리려고도 했다. 잠시라도 즐거울 때, 행복할 때, 닻의 존재를 잊어버릴 때면 나의 망각을 질책하듯 유난히 그 무게를 자랑하며 나를 아래로 끌어당겼다. 힘을 주어 끌어올리려고 노력했으나 쉽지 않았다. 그렇게 나는 닻과 기나긴 경쟁을 시작했다. 내가 힘껏 노를 저으면 닻은 더 무거워졌고, 너무 무거워 아래로 끌어내려지려고 하면 난 더욱 힘을 내보았다. 줄다리기 같았다. 하얗게 그어진 선을 누구 하나 넘지 않겠다며 아슬아슬한 게임을 하는 것만 같았다.

정신과를 다니며 닻을 잘라낼 수 있을 것이라 기대했었다. 어느덧 8년이란 시간이 지났지만 지금 내가 내린 결론은 이 닻은 나와 평생 함께할 것이라는 것이다. 다만 닻이 더 무거워지지 않도록, 그리고 이 무게를 이겨내며 천천히라도 항해할 수 있도록 체력을 키울 수 있다는 것 정도는 알게 되었다. 어느 정도의 체념과 포기 그리고 결심을 하게 되었다. 다만 그 결심을 매번 지킬 수 있었던 건 아니었다. 나의 결심을 지키기도 힘들 정도로 닻이 무겁게 느껴진 날이 있었다. 나는 잠시 숨을 고르고 나의 닻을 바라보았다. '그래 정말 많이 커졌구나' 싶었다. 나의 힘은 더 이상 자라지 않고 되레 점점 나약해지는데 나의 닻은 갈수록 커져가고 있었다. '너는 언제 나에게 왔니? 내게 온 이유가 무엇이니? 내게 바라는 것이 있니?' 한 번이라도 물어볼 걸 그랬다. 이제 나는 두려움에 잠식되어간다. 이 기나긴 줄다리기에서 내가 지는 것은 언제일까, 저 닻에 찍혀 가라앉지는 않을까 생각한다. 아니, 그 생각도 이제 지쳐 부탁하고 싶다.

"이 게임은 이제 재미 없어졌어. 내가 졌으니 우리 같이 가라앉지 않을래?"

정신과 담당의에게 이 이야기를 한 적이 있다. 선생님은 새로운 관점을 제시했다. 내가 생각한 닻과의 공존과는 다른 방법이었다. 나는 항상 닻의 무게를 감당하며 앞으로 나아가야만 한다고 생각하고 있었다. 이때까지도 고등학교 자퇴, 정신과 입원, 휴직 등 닻의 무게에 못 이겨 항해를 멈춘 순간들이 있었다. 그래도 나는 항상 항해를 이어 나가기 위해 안간힘을 썼고 대학, 취직, 복직 등으로 이겨낸 순간들이 있었다. 현재 우울에 못 이겨 결국 퇴사를 하게 된 시점에서 나는 또 어떻게든 항해를 이어나가야 한다고 생각했다. 하지만 선생님은 이미 감당하기 어려울 정도로 무거워진 닻을 달고서 억지로 항해하려고 하면 나의 체력만 고갈될 뿐이며 갈증만 심해질 것이라고 했다. 때로는 우울을 극복하기보다는 있는 그대로 받아들이며 온전한 휴식을 취해야 하는 법이라고 말이다. 나는 지금 불가능한 항해를 무리하게 이어가려다가 힘들고 지쳐 바닷물을 마시고 있는 꼴이라고 했다. 가지고 있는 식수마저 모두 소진하고도 항해에 몰두하느라 소금기 가득한 바닷물을 마시고 있다고, 결국 나는 더욱 타오르는 갈증만을 느끼게 될 것이라고 말했다. 꽤나 절망적인 말 같기도 하지만 선생님은 아마 정확한 현실 파악을 통한 해결방안을 제안하고자 했던 것 같다. 선생님은 억지로 그 닻을 끌고 무리한 항해를 하기보다는 잠시 그 자리에 멈춰 닻이 작아질 때까지, 혹은 내가 그 닻을 끌 힘이 충분해질 때까지 기다리라고 했다. 식수가 모자랄 때면 바닷물을 마시지 말고 주변에 지나가는 배로부터 식수를 얻어 마시라고, 나에게 식수를 줄 수 있는 가족과 친구가 내게는 충분하다고 말이다.

상담이 끝나고 집에 들어와서 나는 평소와 같이 침대에 누워서 천장만 바라보았다. 나의 하루는 매일 별 다를 것 없이 흘러간다. 이불부터 가구, 심지어 고양이까지 무채색인 이 삭막한 방 안에서 거의 대부분의 시간을 천장을 바라보며 침대에서 보낸다. 천장에는 작은 얼룩이나 벌레가 죽은 흔적조차 없다. 그저 깨끗한 하얀색 천장에 나는 내 얼룩덜룩한 회색빛 생각들을 늘어놓는다. 그날의 상담은 꽤나 자극적이었다는 생각이 들었다. 매번 '괜찮아요', '잘하고 있어요'만 반복하던 선생님이 단호하게 '잘못하고 있어요'라고 말한 것이다. 실은 너무 오냐오냐해주는 것 같다고 생각해서 뭐든지 괜찮다고 하는 상담 방식에 불만을 가진 적도 있다. 그런데 이렇게 현실을 직시시켜주는 방식의 상담을 처음 겪고 나니 막상 기가 죽어버린 느낌이다. 분명 나를 비난한 것도 아니거니와 새로운 희망을 심어주고자 한 말뿐이었다. 다만 내가 그것을 이성적으로 생각하고 받아들이기에 지나치게 마음이 무너져 있던 하루였나 보다. 온전한 휴식을 취해도, 잠시 항해를 멈추어도 괜찮다는 말은 가려지고 내가 소금물을 목구멍에 퍼붓고 있다는 (그렇게까지 말하신 적도 없다) 내용만 머릿속에서 맴돌았다.

　하나의 어두운 생각은 그 색상이 매우 짙고 전염성이 강한 소재여서 약간의 물을 부어주기만 해도 수채화처럼 번지며 생각 회로를 온통 회색빛으로 물들여버린다. 정신과를 다니는 것 자체에 대한 회의감이 느껴졌다. 그래도 잘 살아보자고 다닌다고 생각했는데, 스스로에게 살아갈 의지가 있는지조차 의문이었다. 죽고 싶다는 생각을 한 것이 처음은 아니다. 누구나 죽고 싶다는 생각 한 번쯤은 해보지 않았을까 생각한다. 다만 그 생각을 반복할 뿐 어떠한 행동도 하지 않는 스스로가, 나라는 사람 자체가 궤변처럼 느껴졌다. 정말 죽고 싶었다면 죽는 것 말고는 다른 선택지가 없을 것이다. 애초에 다른 선택지를 가질 수조차 없다. 죽음은 곧 모든 것을 포기하는 선택인데 다른 선택지(이를테면 정신과 상담 같은)를 물고 늘어지는 것부터가 포기하지 않겠다는 말이지 않나. 반면에 죽고 싶지 않다면 살아갈 길을 모색할 것이다. 그런데 나는 그다지 노력하지도, 현실을 받아들이지도, 그 무엇이라도 해보려는 의지도 남아있지 않다고 느껴졌다. 살아갈 의지도, 죽을 용기도 없는 한심한 인간은 그저 자살을 상상하는 방법으로 모든 것에서 도피하고자 한다. 최선도 차선도 아닌 그저 플랜 C를 세워버리는 것이다.

　천장을 짙은 회색빛으로 물들이는데만 한참의 시간을 보냈다. 창문 밖의 세상은 검은색에 가까운 남색으로 가득 찬 지 이미 오래였다. 문득 등을 타고 열이 올라와 얼굴 살갗을 답답하게 만들었다. 명도 높던 하늘도 채도 높던 지면도 모두 어둡고 차갑게 식어버린지 한참인데 갑갑한 더위가 느껴졌다. 5월의 밤에 벌써 이 정도의 더위라니. 옷을 벗고 에어컨이라도 일찍 틀어버리면 그만일 일이었지만 갑자기 계절에 대한 온갖 환멸이 밀려들었다. 여름이 싫다. 더위가 싫다. 문 밖으로 조금이라도 나가면 끈적해지는 살이 싫고, 좋아하던 옷은 옷장 속에서 나오지 못하고 낡장의 티셔츠만 매일 땀으로 적셔가며 갈아입어야 하는 계절은 최악이다. 다가오는 여름이라는 시간 자체가 조금이라도 남아있던 나의 모든 의지를 다 잿더미로 만들어버리는 상상을 했다. 여름의 햇살과 그 대기는 나의 숨, 움직임, 고뇌까지도 모두 태워버릴 것 같다. 아니 지져버릴 것 같다. 감정과 생각이 모두 극단적으로 휘몰아치고 있었다. 플랜 C마저 포기하기로 결정했다. 남은 것은 최악일 뿐이다. 땀에 절은 티셔츠를 갈아입고 또 갈아입다가 조금 쌀쌀해지는 계절이 오면, 내가 가장 좋아하는 카디건을 입고 내 생의 마지막 날을 보내기로 결심했다. 남색의 체크무늬 카디건. 머리, 손톱, 피부를 모두 단정히 정돈한 후 깨끗한 몸 위에 카디건을 걸치고 보낼 그 마지막 하루가 다가오는 것을 상상하니 왠지 모르게 조금 설렘을 느꼈다. 방금까지 가슴속에서 벌레처럼 우글거리던 모든 것들이 사라지고 홀가분함을 느꼈다. 천장은 다시 하얗고 깨끗하게 돌아와 있었다.

0℃

결정을 내린 그날 이후로 나는 무엇이라도 달라질 줄 알았다. 나의 우울증에게 시한부 판정을 내려준 것인데, 나는 아무런 자극도 변화도 위기감도 못 느끼는 듯했다. 유서라도 쓰고 싶어 질 줄 알았다. 쓰라면 쓸 수 있겠지만 쓰고 싶지가 않았다. 여전히 천장만 바라보며 시간을 보냈다. 천장이 유난히 하얗게 보이던 그 경험은 그 밤 한 번뿐이었다. 되려 가끔은 구름처럼 퍼지던 회색빛이 군데군데 뭉쳐 벌레의 모습처럼 보이기도 했다. 천장을 기어 다니는 벌레들이 내 몸과 침대 위로 떨어지는 상상을 했다. 팔의 솜털이 꿈틀거리고 등 살갗이 따끔했지만 무기력이 5겹의 두터운 겨울 이불처럼 내 몸을 누르고 있었다. 간혹 하루에 한두 번 그 두꺼운 이불 무덤을 비집고 기어 나와 티브이라도 틀어봤지만, 재밌던 드라마도 좋아하던 음악도 감흥이 없었다. 모든 오감과 뇌로 이어지는 회로가 막혀있는 것만 같았다. 어쩌면 그 벌레들이 그 길을 막고 가득 채우고 있는지도 모르겠다. 무엇을 기대했는지 모르겠다. 죽기로 결심이라도 하면 갑자기 하지 못했던 모든 일을 마무리 짓고 세상에 행복했던 기억들을 잔뜩 새겨놓고 싶기라도 할 줄 알았던 것일까. 인생을 마치기로 한 결정이 새삼 인생을 변화시키는 굉장한 결정이 되지는 않았다. 스스로가 한심하게 느껴지기도 조금 웃기기도 했다.

이전에도 죽기로 결심한 적이 있었다. 그때는 주변 사람들에게 최선을 다하고 가야 한다는 강박이 생겼었다. 내가 그들 곁을 떠나는 것

만으로도 죽어서도 갚지 못할 죽을죄를 짓게 되는 것인데, 조금이라도 미움을 덜 받으려면 나에 대한 좋은 기억을 심어줘야 한다고 생각했었던 것 같다. 나는 미움받는 것에 대한 강한 두려움이 있다. 미움보다는 버림받는 것을 두려워한다는 말이 더 맞을 것 같다. 실은 그다지 버림받은 적도 없고, 인간관계도 좋은 편이다. 그런데도 버림받는 것을 두려워하는 이유는 버림받는다는 사실이 누군가가 나를 싫어하거나 나를 포기한다는 증거라고 생각하기 때문이다. 타인에게 잘 보여야 한다는 강박도 있다. 착하고 배려심 깊은 사람이어야만 해서 부탁도 잘 거절하지 못하고 싫은 소리도 못하는 성격이다. 자기 이익 챙기고 할 말 다하는 사람들을 보면 막상 부러워했는데 그렇게 되고 싶다는 생각은 해본 적이 없다. 내 속 편하게 살 바엔 내 속이 썩고 곪아 터지더라도 인간관계가 끝나고 사이가 소원해지는 순간까지도 좋은 사람이었다고 인식되고 싶다. 착한 아이 콤플렉스일 수도 있고, 그냥 전형적인 우울증 환자의 성격과 망상적 두려움일 수도 있다. 그런 말도 있지 않은가. 우울증 걸린 애들은 다 착하다고. 너무 착해서 혼자서 속 썩이고 우울증 걸려서 고생한다고. 나는 우울증 걸린 애들은 대부분 착한 척하는 거라고 생각한다. 딱히 논리적인 주장은 아니고 그냥 스스로에 대한 고찰에서 시작된 성급한 일반화의 오류일 뿐이다.

그렇게 평소에도 착하게 보이려고 안달이고, 모든 끝맺음에서도 좋은 사람으로 기억되는 것에 집착하는 나인데, 이번에는 그다지 죽기 전에 주변 사람들에게 잘하고 떠나야겠다는 생각이 들지 않았다. 더 솔직하게 생각해보면 그렇게 착한 척 노력할 의지라도 남아있었다면 그 의지로 그냥 삶을 선택했을 것이다. 어떤 의지도 없어서 숨만 쉬는 시체처럼 살아가는데, 죽기로 결심했다고 갑자기 긍정적인 변화라도 일어난다면 그건 아직 죽을 때가 아니라는 증거일지도 모른다. 그렇게 생각하니 '아, 이번에는 진짜 때가 온건가' 싶기도 했다.

　정신과는 계속 다녔다. 예전처럼 적극적으로 상담하지는 않았다. 30분이라는 시간은 채우고 나오지만 8할은 선생님만 말하고 있었다. 돈만 날리는가도 싶지만, 뭐, 조금 더 남기고 덜 남긴다고 눈에 띄지도 않을 잔고를 가지고 고민할 필요는 없지 않을까. 상담을 받으러 가는 것에는 실은 상당한 체력 소모가 따른다. 일단 무기력이라는 5겹의 겨울 이불을 어떻게든 비집고 나와야 한다. 그다음에는 허물도 걸쳐야 한다. 심한 몸살에 걸려 옷이 아닌 수십 개의 압정을 입는 것처럼 아픈 그 기분과 비슷하다. 실제로 아픈 것은 아니기 때문에 그 느낌이 아니라 기분과 비슷하다는 말이 더 옳다. 그리고 문을 열고 나가야 한다. 문 하나로 방 안과 방 밖은 엄청난 차이를 가지고 있다. 솔직히 말하면 환기도 제대로 시키지 않은 방 안보다는 상쾌한 공기가 더 좋기는 하다. 다만 안전지대를 벗어난다는 그 막연한 두려움에 나를 둘러싸는 대기의 무게가 굉장히 무거워진다. 가보지는 않았지만 다른 행성에 가면 중력 차이로 이것과 비슷한 느낌을 느낄 수 있을지도 모른다. 옷을 걸치고 문 밖으로 나가는 힘을 쥐어짜 내면서까지 계속 상담을 받으러 가는 이유는 단순히 수면제 때문이었다. 자살 방법을 결정해놓은 것은 아니지만 어떤 방법을 택하든 수면제에 취해서 몽롱해진 상태로 실행하는 것이 덜 고통스러울 것 같다고 판단했다. 고통은 싫다. 죽을 용기가 생긴다고 해서 고통을 감내할 용기도 당연히 생기는 것은 아니다. 그날이 오면 조금이라도 수월한 마무리를 할 수 있게 수면제를 모아놓아야겠다 생각해서 병원은 꾸준히 갔다.

점점 쌓여가는 수면제를 건드리지 않는 것은 쉬운 일이 아니다. 아무런 의지도, 자극도 없이 느리게 흘러가는 시간을 지켜보다 보면 충동이 생긴다. 당장 죽음에 뛰어들겠다는 충동은 아니더라도, 그냥 무슨 일이든 저질러버리고 싶은 그런 충동이 생긴다. 그냥 강한 자극을 갈망하는 것일 수도 있다. 운동이나 게임 같은 건강한 방식의 표출을 할 수 있다면 좋겠지만, 차라리 음주로 해결할 수 있다면 좋겠지만, 가끔은 잘못된 선택임을 알면서도 그 선택을 하고 싶어 진다. 그날 밤도 그냥 그런 충동이 밀려왔던 것 같다.

약 봉투를 하나씩 뜯었다. 하루에 3알의 수면제. 7일치를 책상 위에 모았다. 두려움도 고민도 없었다. 3알인지 21알인지 모르는 것처럼 물과 함께 한 번에 삼켰다. 고작 21알 정도로 죽지 않는다는 것은 알고 있었다. 그래도 혹시 모르니 머리를 빗고 깨끗한 잠옷으로 갈아입었다. 양치를 하고 립밤을 바른 뒤 고양이 사료와 물을 많이 준비해두었다. 아주 천천히 몽롱해지는 것을 느꼈다. 과음을 한 것도 같고, 고된 하루 끝에 침대에 흡수되듯 잠드는 기분과도 비슷했다. 천천히, 아주 천천히 잠이 들었다.

10℃

약기운이 많이 빠지고 정신을 차렸을 때 나는 여전히 내 방 침대 위에 누워있었다. 아무 일도 일어나지 않은 것인가. 그저 깊은 잠을 자고 일어난 것인가. 허무함과 함께 약간의 안도감도 들었다. 핸드폰을 보니 이틀이 지나있었다. 그리고 굉장히 많은 부재중 전화와 문자가 남겨져있었다. 발신자를 보고 의아함이 들었다. 10통이 넘는 연락 모두 자주 만나지도 연락하지도 않던 한 친구에게서 온 것이었다. 엄청난 불안함을 느끼며 핸드폰을 열었고, 문자를 모두 읽은 나는 미안함으로 뇌가 과열되어 터질 것 같았다. 약을 과다 복용한 그날, 나는 가깝게 지내던 다른 친구들이 아닌 이 친구에게 연락을 한 것이다. 그냥 오래 자다가 일어난 것 같은데 그날 갑자기 왜 이 친구에게 연락한 것인지 기억이 나지 않는다. 문자를 보니 술에 취한 사람처럼 오타 가득한 문자로 친구에게 내가 약을 과다 복용했다고 말했었다. 친구는 갑작스러운 연락과 당황스러운 내용에도 침착하게 나에게 약을 얼마나 먹었는지 물어보았고, 나는 오타로 가득해 읽을 수 없는 답장만 반복했다. 문자 내용은 거기서 끊기고 오늘 온 새로운 문자들로 이어졌다. 일어났는지, 이제 좀 괜찮은지, 그리고 연락 주라는 내용이었다. 통화 목록을 열어보니 이틀 전 서너 번의 통화 기록이 있었고, 오늘 온 부재중 전화가 한가득이었다. 정확히 상황 파악이 되지 않아 혼란스러운 것도 잠시 크나큰 미안함과 죄책감에 빨리 통화 버튼을 눌렀다.

친구의 목소리는 침착했다. 전혀 화나지 않은 것 같아 다행이었다.

내 몸 상태가 괜찮은지부터 물어봐주었다. 나는 아직 조금 몽롱할 뿐 괜찮다고 대답했다. 그리고 미안하지만 기억이 나지 않아 무슨 일이 있었는지 알려줄 수 있냐고 물었다. 친구가 전해준 바에 따르면 그날 내 문자를 받고 통화를 걸어 나의 집 주소와 현관 비밀번호, 내가 다니는 정신과를 물어보았고, 나는 순순히 대답했다. 친구는 정신과에 전화를 걸어 내 담당의와 연결이 되었고, 담당의에게 상황 설명을 한 후 조언을 얻었다. 119를 불러 나의 집 주소와 현관 비밀번호를 알려주었고, 본인도 응급실로 왔다. 병원에서는 정신과에 연락하여 내가 먹은 약이 무엇인지 파악했고, 응급처치를 해주었다. 응급실에서는 자살 시도로 간주하여 정신과 폐쇄 병동에 입원해야 한다고 했지만, 그 상황에서도 나는 입원하지 않겠다고 명확히 의사를 표현했다고 한다. 결국 내가 입원에 동의하지 않았고, 병원에서는 이에 책임을 지지 않는다는 내용의 동의서에 내가 직접 서명을 하고, 약간의 안정을 취한 뒤 집으로 돌아왔다고 한다. 나는 기억이 나지 않지만 내가 혼자서 잘 걷고 의사표현도 잘하는 것을 보아 상태가 괜찮다고 생각하여 친구도 집에 나를 데려다준 후 집에 돌아갔다고 했다. 이야기를 다 듣고 나니 미안하고 고마운 감정에 몸 둘 바를 모르겠고 민망하기도 했다. 정말 완벽했던 친구의 대처에 놀라움도 느껴졌다. 나는 정말 미안하고 너무나도 고맙다고 몇 번이고 나의 마음을 전했다. 친구는 괜찮다고, 이런 일이 있을 때 도와주라고 친구가 있는 것 아니겠냐며 허허 웃었다. 몇 번을 괜찮다고 말해줘도 미안한 마음이 사라지지 않아 나는 계속 반복해서 사과를 했고, 친구는 그러면 밥이라도 사라며 그저 웃기만 했다. 나는 당장 내일이라도 밥을 사겠다고 했고 다행히 다음 날 일정이 없던 친구는 우리 집으로 오겠다고 했다.

　다음 날 나는 아침부터 분주하게 움직였다. 무기력을 못 이겨 잠에서 깨어나도 침대에서 일어나는 것조차 버거웠던 날들과는 느낌이 달랐다. 미안과 감사의 감정이 이렇게 큰 동력이 될 줄은 몰랐다. 이따금 친구들이 만나서 놀자고 할 때도 끌려가는 기분으로 힘겹게 일어나 준비하곤 했었다. 즐거울 수 있는 일이 있어도, 행복해질 가능성이 있어도 기대감이 별로 생기지 않았기 때문에 늘 무기력을 이기는 것은 쉽지 않았다. 이런 종류의 원동력은 처음 느껴보는 일이라 신기했다. 나쁘지 않았다. 오히려 좋기도 했다. 원인이 무엇이든 벌떡 일어나지는 느낌은 오랜만이라 그런지 유난히 더 개운했다. 청소를 하고, 창문을 열어 환기를 했다. 오랜만에 집 앞 대형마트에 가서 장도 봤다. 친구는 집 주변 음식점에 가거나 배달음식을 먹자고 했지만 나는 정성을 들여 요리해주고 싶었다. 다른 사람이 만든 요리를 돈으로 사서 대접하는 것으로는 나의 마음을 다 표현할 수 없을 것 같았다. 마트에는 사람이 많았고 시끄러웠다. 예전에는 퇴근하고 마트에 들러 먹을 것을 사 오는 소소한 재미를 즐기기도 했었다. 하지만 너무 오랫동안 혼자 집에서만 지내서인지 이제 사람들의 말소리가 그저 소음처럼 느껴졌다. 심장이 울렁거리는 기분이 들었다. 약기운이 아직 몸에서 다 빠져나가지 못해서일 것이라고 치부하고 서둘러 장을 보고 나왔다. 내가 가장 자신 있는 음식인 크림 파스타와 연어 스테이크 재료를 사고 와인 한 병도 샀다. 집에 들어오니 급격하게 기운이 빠지는 것이 느껴졌다. 나답지 않게 너무 활기차게 움직인 것 같았다. 몸속에서 잠시 숨어있던 무기력이 고개를 살짝 드는 것이 느껴졌다. 하지만 오늘은 해야 할 일이 있으니 허리를 펴고 입술에 힘을 주어 꾹 다물며 기합을 넣었다.

　그날 저녁 친구와 나는 많은 대화를 나누었다. 친구가 도착하는 시간에 맞추어 음식을 준비하면서 내심 나는 걱정하고 있었다. 혹시 밥이라도 사라는 말이 그냥 나의 사과를 받아주려고 뱉은 가벼운 말일뿐인데 내가 너무 성급하게 약속을 잡은 것은 아닐까? 그다지 가까운 친구도 아니었는데 한 번 도와줬다고 단 둘이 밥까지 먹게 된 상황에 친구가 부담을 느끼지는 않을까? 약물 과다 복용한 것까지 보여버렸으니 나의 정신건강이 좋지 못하다는 것을 알 텐데 그 사실이 불편하게 만들지는 않을까? 괜히 내 앞에서 말조심을 해야 한다는 생각에 어색해하거나 동정이 생겨 편히 대화하지 못하지 않을까? 온갖 상상을 해보았다. 걱정은 계속 불어나 불안감으로 번졌다. 급하게 약속을 취소해야 하나 생각했다. 약속 시간이 가까워질수록 더욱 불안해져 어떻게든 도망가고 싶은 생각이 들었지만 결국 아무 결단도 내리지 못한 채 약속 시간이 되어버렸다. 하지만 친구는 나의 온갖 상상을 무의미하게 만들었다. 친구는 그날 내가 왜 약을 먹었는지 물어보지 않았다. 혹시 많이 힘든 것인지, 죽고 싶다는 생각을 해서 한 행동인지 전혀 물어보지 않았다. 이 친구가 내가 우울증이 있다는 것을 자각하지 못하는 것이 아닐까 하는 생각이 들 정도로 친구는 어두운 주제를 스스럼없이 꺼내었다.

친구와 나의 세상에 대한 견해는 매우 달랐다. 친구는 이 세상은 이미 지옥이라고 했다. 모든 사람들이 각자의 이유로 너무나도 고통을 받으며 살아가고 있고, 완벽한 행복이 없는 이 세상이 바로 지옥이라고 말이다. 고통이 없다면 사람들은 행복한 것이 무엇인지 알 수도 없을 것이고, 고통과 행복이라는 상반되는 두 감정은 상대성을 가졌기에 공존할 수 있는 것이라고 했다. 고로 행복만 존재하는 유토피아 같은 세상은 존재할 수 없으며, 유토피아의 존재 가능성이 없는 이 세상은 지옥이라고 말이다. 꽤나 부정적인 의견 같기도 했다. 하지만 친구는 모두가 지옥에서 사는 와중에 각자의 행복을 찾으며 지옥을 이겨내는 것이 가치 있기에 이 삶을 사는 것이 의미 있는 일이라고 말했다. 반대로 나는 이 세상은 너무나도 아름답다고 했다. 고통과 행복이 공존하는 것, 그리고 사람들이 각자의 행복을 찾아나가는 가치에 대해서는 동의했다. 다만 완전한 행복의 존재를 부정한다고 해서 세상이 지옥인 것이 아니라, 오히려 행복을 찾는 사람들이 있다는 사실에 중점을 두고 본다면 세상은 너무나도 아름답고 다채롭다고 말했다. 하지만 수많은 사람들은 모두 행복을 찾을 수 있는 정도가 다르고, 그 정도에 따라 세상의 채도가 높을 수도 있고 무채색일 수도 있다고 했다. 행복을 찾지 못해 무채색 세상 속에 살아가는 사람들에게 찾아오는 개개인의 지옥이 존재한다는 것이 내 의견이었다. 서로의 의견이 충돌하는 부분이 있었지만 우리는 누가 옳은지에 대해 토론하지 않았다. 세상을 바라보는 다른 관점을 서로 신기해하며 나누었을 뿐이다.

그 외에도 우리는 일상적인 대화를 나누었다. 무엇을 하며 살아왔는지, 최근에는 무엇을 하고 지내는지, 다양한 주제로 이야기하였다. 정말 오랜만에 마음이 편해지는 느낌이 들었다. 우울증으로 인해 퇴사를 한 뒤로 나의 주변 사람들의 태도가 변한 것을 많이 느꼈었다. 조금이라도 우울한 이야기는 꺼내지 않고 그저 행복하고 유쾌한 이야기만 하려고 애쓰는 친구, 매일 매우 조심스러운 말투로 오늘은 기분이 어땠는지 약은 잘 먹고 있는지 물어보는 친구, 어떻게 행동해야 할지 몰라 어색해하는 것이 드러나는 친구, 그 어색함을 못 이겨 연락이 줄어든 친구 등. 모두 나를 신경 써주고 아껴주는 것이라고 머리로는 알고 있지만, 내 앞에만 서면 예전과 다르게 행동하는 사람들은 나를 불편하게 했다. 더 우울해졌을 뿐 여전히 나는 나인데 우울증과 나라는 사람을 동일시하는 것 같이 느껴졌다. 그런 상황들이 반복되다 보니 나조차 나의 존재를 불편하게 여기게 되었고 더욱 우울함을 느꼈다. 인간관계에 대한 회의감이 점점 생기면서 사람들을 멀리하게 되었고, 악순환이 되어 나는 우울함에 점점 잠식되어갔다. 그런데 나의 가장 추한 모습을 본 친구가 과한 배려를 하기보다 내가 우울증이 있다는 것조차 모르는 사람처럼 행동하니 그게 오히려 나에게 편안함을 준 것 같다.

이전에 나는 사람들을 모두 아름답게 보곤 했다. 누구나 장점과 단점은 있겠지만, 나는 그것을 구분하여 사람을 판단하기보다는 하나의 색깔로 봤다. 노란 병아리처럼 티 없이 맑고 밝은 사람, 차분하면서 은은한 향기를 풍기는 보라색을 가진 사람, 에너지와 열정이 가득 차 비비드 한 주황빛을 띠는 사람. 모든 사람들은 저마다 고유의 색을 가지고 있고, 그 모든 색들이 아름답다고 생각했었다. 나에게도 색이 있었다. 대략 3년 전 우울증이 잠시 나아지고 삶을 꽤 즐기고 있던 그때의 나의 색은 파스텔톤의 청보라색이었다. 지금은 묽은 회색빛으로 변해버려 안타까울 뿐이지만. 그렇게 모든 사람들의 색이 아름답다고 느꼈던 나인데, 이제는 그 색들의 채도가 높을수록 나의 눈과 정신이 피로해지는 느낌이다. 어쩌다 다가온 이 친구는 남색처럼 느껴졌다. 어둡거나 차가운 색이라고 생각할 수도 있지만, 나를 피로하게 만들지 않는 따뜻하고 깊은 파란빛으로 느껴졌다. 왜 이전에는 가까이하지 않았나 의문이 들 정도로 안락하고 매력적인 색을 가지고 있었다.

20℃

무기력이 사라진 날은 집에서 함께 식사했던 그날 하루뿐이었다. 하루 조금 기운 내서 보내고, 즐거운 대화를 나누고, 편안함을 느꼈다고 해서 나에게 큰 변화가 생기는 것은 아니었다. 여전히 무기력했고, 침대에서 벗어나지 못했다. 날씨가 쌀쌀해지면 죽겠다는 생각도 사라지지 않았고, 무채색의 9명짜리 방 안에서 우울함에 잠식된 하루하루를 보낼 뿐이었다. 조금 달라진 부분이 있다면 그 친구와의 관계이다. 그날 이후로 우리는 예전과 다르게 자주 연락하고 자주 만나서 시간을 보냈다. 여전히 다른 사람들에게는 피로와 회의감을 느꼈지만 이 친구와 보내는 시간은 싫지 않았다. 내심 기다리기도 했다. 친구는 답장이 빠르거나 연락을 열심히 하는 성격은 아니었지만 우리는 꾸준히 연락을 주고받았고, 한 달에 두세 번 만날 때면 많은 대화를 나누었다. 이전에 보지 못했던 색을 가진 사람이기에 그 새로움이 주는 매력이 있었던 것 같다. 회색빛의 일상에 은은히 스며든 남색 덕분에 마지막 날이 올 때까지 나를 괴롭힐 더위를 견딜 수 있을 것 같다는 생각도 들었다.

친구도 다른 사람들처럼 종종 나에게 기분이 괜찮은지, 상담 치료는 잘 받고 있는지, 상담 내용이 무엇이었는지 등의 질문을 하며 나의 우울증을 신경 쓰는 모습을 보였다. 반면에 가끔은 정말 내가 우울하다는 것을 자각하고 있는 것이 맞는지 의문이 드는 언행도 있었다. 종종 나에게 '오늘의 추천곡입니다' 하며 음원 영상을 보내주기도 하였는데, 열에 아홉은 가사가 너무나도 우울한 내용이었다. 장난스럽게 '뭐야? 내 우울함을 자극하는 거야?' 하고 말했는데 친구는 그저 아니라며 웃어넘겼고, 계속 우울한 가사의 노래를 추천해주었다. 그 노래들을 들으면 실은 위로나 공감을 받는 느낌보다는 우울함이 깊어지는 느낌이 있었다. 나의 죽고 싶다는 감정이 타당하다는 것을 증명받고 나의 결정이 승인되는 기분도 들었다. 이런 생각을 친구에게 말하지는 않았지만 친구도 내심 불안함을 느꼈던 것인지 맥락 없이 '너는 강하니까 잘할 수 있어!'라는 응원을 던지기도 했다. '갑자기 뭐라는 거야'라며 웃어넘겼지만 그 뜬금없는 응원이 썩 나쁘지 않았다. 그 뒤로도 여전히 우울한 노래를 추천해주어서 의아하기도 웃기기도 했다. 여전히 그 편안함이 좋았다.

응급실에서 있던 일을 잊은 것인지 혹은 개의치 않는 것인지 모르겠지만 친구는 죽음에 대한 이야기도 꺼내었다. 친구는 죽음에 대한 커다란 두려움을 갖고 있다고 했다. 암으로 고생하다 떠난 친척 어른, 자신의 눈앞에서 자살을 하려고 했던 전 애인의 이야기를 해주었다. 부모님은 자신이 어릴 때부터 건강이 좋지 않아 부모님과 함께할 시간이 길지 않을 것 같다는 생각이 든다고 했다. 죽음이란 모든 사람들에게 당연히 찾아오는 것이고, 시간과 자연의 순리대로 맞이해야 할 마지막이겠지만, 그래도 너무나도 두렵다고 했다. 단순히 죽음이란 슬픈 것이고 오지 않았으면 하는 것이라고 생각하는 것을 넘어서 주변 사람들이 언제 죽을지 모른다는 생각에 자주 두려움을 느낀다고 말이다. 나는 실은 죽음에 대한 두려움이나 공포를 넘어서 부정적인 감정이 크게 없는 편이다. 내가 친구에 비해 죽음과 관련된 경험이 없어서일 수도 있다. 내가 겪은 죽음은 할아버지의 죽음 한 번뿐이다. 할아버지는 멋있는 노신사였다. 할아버지는 큰 키에 허리를 꼿꼿이 피고 지팡이도 사용하지 않았다. 배도 나오지 않은 건강한 몸을 유지하고, 정장에 페도라를 쓰고 다녔다. 고등학교 입학식 때도 그 멋있는 모습으로 나타났는데, 처음 만난 같은 반 친구들이 나에게 건넨 첫마디가 '너희 할아버지이셔? 진짜 멋있으시다!' 일 정도였다. 무엇보다 시대의 변화에 따라 달라지는 젊은 세대의 사상을 부정하지 않고 '요즘은 그렇구나' 하고 받아들이는 분이었다. 그래서인지 갑자기 쓰러지며 병상에 누워 있을 때도 나는 '우리 할아버지는 키가 커서 병원 침대가 꽉 차는구나.

환자복 입어도 멋쟁이네'라고 생각했다. 한 달 정도 병원 생활 끝에 결국 장례식을 치르게 되었는데, 물론 슬프긴 했지만 난 할아버지의 죽음마저도 멋있다고 느꼈다. 나도 할아버지 같은 사람이 되어서 할아버지처럼 귀품 있게 나이 들고, 인생의 마지막에도 그처럼 멋있게 퇴장하고 싶다고 생각했다. 친구에게 할아버지에 대한 이야기를 한 것은 내가 죽음에 대한 두려움이 없는 이유를 설명하고자였다. 그런데 말하다 보니 눈물이 났다. 갑자기 너무 그리웠고, 내 다짐을 지키지 못한 채 곧 스스로 마지막을 맞이할 것을 생각하니 패배감이 들었다. 갑자기 터져버린 울음에 스스로도 당황해서 멈춰보려고 했지만 눈물이 통제되지 않았다. 친구는 당황하거나 나를 위로해주려고 애쓰기는커녕 같이 울기 시작했다. 옆에서 울면 이유도 모르고 따라 우는 갓난아기들 같았다. 그렇게 우리는 함께 목 놓아 울었고 새삼 그 상황이 웃기다고 생각한 것인지 눈물로 지저분해진 얼굴로 크게 웃었다.

죽음이란 주제 앞에서 울었던 그날 밤, 나는 또 침대에 누워 천장에 생각들을 늘어놓았다. 시원하게 울 수 있어서 조금 행복했다는 생각이 문득 들었는데 바로 토할 것 같은 거부감이 느껴졌다. 죽기로 결정한 내가 조금이라도 행복을 느끼는 것이 위선이고 죄악 같았다. 죄책감에서 벗어나기 위해 천장에 온갖 행복했던 기억들을 펼친 다음 새까맣게 먹칠을 하기 시작했다. 모두가 잠든 버스 안, 창문으로 들어오는 짙은 노을빛 아래서 흥에 겨워 몸을 들썩이며 웃던 기억. 둘 외의 모든 것이 존재하지 않는 듯 둘 사이 느껴지는 모든 감정의 존재가 벅찼던 그때의 기억. 단풍이 퍼진 여섯 시 반의 하늘이 빨간 운동화를 비추던 기

억. 붉은 목도리에 숨어들던 미소와 붉은색이 물들어가던 뺨이 사랑스
러웠던 기억. 꽃샘추위에 손가락 끝에 올라오는 분홍빛과 벚꽃의 분홍
빛이 물들어있는 기억. 따가운 햇빛 속 다채롭던 언어와 오색 빛의 감
정이 가득했던 기억. 무채색 방을 물들이는 기억을 늘어놓고 그 위를
까맣게 덧칠했다. 형형색색의 기억들이 사라지는 것보다 변해가는 것
이 왜인지 씁쓸하게 느껴졌지만 개의치 않고 덮고 또 덮었다. 행복했
던 기억들은 나를 불행하게 만든다는 생각이 들었다. 내가 느낄 수 있
었던 최대의 행복은 모두 과거에 있고, 더 이상 나는 그것과 조금이라
도 비슷한 행복을 느낄 수 없을 것 같았다. 미래에 걸 수 있는 기대도
희망도 남아있지 않다. 원인 모를 우울이라고 했던가. 어쩌면 우울의
원인은 행복한 기억에 있을지도 모르겠다. 그렇게 생각하니 거부감과
죄책감이 차츰 가라앉기 시작했다. 나의 죽음에 타당성을 부여하며 안
도감을 느꼈다.

　갑자기 다가온 새로운 남색 빛에 현혹된 것인지 생각해보았다. 새
로운 색이 내 무채색에 들어온 것이 이번이 처음은 아니다. 하지만 어
떤 색이든 회색빛과 섞이면 탁해질 수밖에 없다. 이전의 다채로운 기
억들도 이제는 먹칠을 당할 뿐이다. 그저 어두운 남색이다. 섞인다 해
도 어둡고 탁하게 변할 색에 기대나 희망을 걸어서는 안 된다. 희망은
실망의 시작이고, 결과는 다르지 않을 것이 뻔하니 남색 빛에 완전히
물들여지면 안 된다. 이번에는 천장에 남색 빛을 올려놓았다. 그 위에
도 까만 먹칠을 했다. 행복은 불행을 만들 것이고, 행복에 대한 기대는
좌절을 만들 것이다. 그렇게 나는 밤새 스스로 되뇌며 죄책감을 잠재

웠다.

0℃

천장에 온갖 색을 늘어놓고 먹칠해버린 이후 나는 남색 빛의 친구가 나에게 다가오는 것에 두려움을 느꼈다. 겨우 다잡은 마음인데 또다시 남색 빛에 현혹되면 죽으려는 결정을 번복하는 실수를 할 것 같았다. 미안하고 고마운 친구이기에 연락을 끊어버리거나 피할 수는 없었다. 아무리 내가 곧 사라질 사람이라고 해도 일방적으로 거부하는 것은 예의가 아닌 것 같았다. 하지만 그 친구와 연락하거나 만날 때 느껴지는 불편함과 두려움을 없앨 수는 없었고, 의도치 않게 나는 그 친구를 조금씩 밀어내게 되었다. 우울한 감정이나 생각을 애써 숨긴 적도 없지만 일부러 더 드러낸 적도 없었다. 근데 이제는 나의 우울함을 더 드러내게 되었다. 함께 보내는 시간이 문득 즐겁다고 느껴지거나 행복할 것 같은 불안함이 느껴지면 나도 모르게 우울한 감정에 대한 이야기가 입에서 쏟아져 나왔다. 어색해지는 상황에 친구에게 실수하는 것 같아 최대한 우울함을 숨겨보려고 했지만 조금이라도 즐거워질 것 같으면 반사작용처럼 어두운 말들을 뱉어내고 있었다. 결국 나는 친구에게 날씨가 쌀쌀해지면 좋아하는 남색 카디건을 입고 마지막 날을 보낼 것이라는 계획을 말해버렸다. 나의 우울증을 개의치 않고 아무렇지 않게 대해주던 친구지만 죽을 것이라는 말을 웃어넘기지는 못했다. 친구의 표정이 굳었고 침묵이 돌았다. 내가 정말 큰 말실수를 했다는 것을 자각했다. 죽음에 대한 두려움이 큰 사람에게 내가 곧 네가 살아있는 시간 안에서 죽을 것이라고 말하다니. 절대 넘어서는 안 되는 선을 넘어버린 것 같았다. 나는 말을 주워 담지도 번복하지도 못하고 같이 침묵을 지켰다. 한참의 침묵이 지나고 친구는 그런 생각은 하지 말아 달라고 떨리는 목소리로 말했다. 나는 지키지 못할 약속임을 알면서도 '응'이라고 대답했다.

그 뒤로 연락하는 횟수가 줄어들게 되었다. 아무 일도 없었다는 듯이 평소처럼 연락을 이어나갔지만, 오고 가는 말풍선 사이로 어색하고 불편한 분위기가 흘렀다. 친구는 더 이상 우울한 가사의 음악을 추천해주지 않았다. 세상과 죽음에 대한 우리만의 방구석 철학 토의도 사라졌다. '뭐해?', '밥은 먹었어?', '잘 자' 같은 형식적인 대화만 반복했고, 뭐라고 답장을 해야 할지 몰라 연락이 끊기기도 했다. 그럴 때면 미안함과 불편함에 먼저 연락하기 어려워 그저 기다리기도 했고, 다음 날 겨우 '뭐해?'라는 말로 다시 연락하기도 했다. 커피 마시자고 말하며 언제 시간 되냐는 질문은 더 이상 그 누구도 하지 않았다. 친구는 나에게 서운함, 어쩌면 배신감을 느꼈을지도 모른다. 나는 그저 미안함을 느낄 뿐이었다. 더 이상 이 관계를 유지하는 것이 좋지 않을 것 같다는 생각이 들었다. 불편해진 연락을 이어가다가 내가 사라진 후 상처를 받는 것보다 차라리 연락이 끊겨서 내가 사라진 것조차 모르는 것이 이 친구에게 좋을 것 같았다. 그렇게 연락 횟수는 점점 더 줄어들었고, 무더위가 한 풀 꺾인 8월 중순 우리의 대화방은 알림을 울리지 않게 되었다.

26℃

9월이 다가오고 있었다. 수면제를 아껴 먹으며 모았더니 5주 치 정도가 남았다. 카디건은 세탁소에 드라이클리닝을 맡겼다가 찾아왔다. 미용실에 가서 머리도 가볍게 잘랐고, 냉장고는 거의 비워진 상태에서 채우지 않았다. 가여운 고양이는 9월 초에 여행을 가고 싶다는 거짓말을 하며 엄마에게 부탁했다. 8월의 마지막 날 가족들 얼굴을 볼 겸 부모님 집에 갈 때 데려갈 계획이다. 부모님 집에 사는 다른 고양이들과 사이좋게 지낼 수 있을지 조금 걱정이 되었다. 물건은 어디까지 정리해야 하는지 몰라 그 부분이 가장 어려웠다. 거의 다 버려질 물건들을 정리해두는 것이 의미가 있는지 잘 모르겠다. 남길 물건은 나의 선택으로 정해지는 것이 아니니 굳이 건드리지 않고 그대로 두기로 했다. 유서는 여전히 쓸 기분이 들지 않았다. 뭐라고 써야 할지 모르겠고, 거창한 퇴장을 하고 싶지 않았다. 며칠 시간이 남았으니 주변 사람들과 가족들에게 남길 짧은 편지라도 차근차근 쓰기로 결정했다. 그저 사랑한다는 말이면 충분하지 않을까.

하루는 집 청소를 열심히 했다. 미리 청소를 해두어야 할 것 같은데 무기력을 이기고 대청소를 한다는 것이 쉽지 않았다. 그날은 아침에 눈을 떴는데 일어날 기운이 조금 나는 것 같아 이때다 싶어 남은 의지를 모두 불태워서 대청소를 해냈다. 분리수거할 재활용품과 쓰레기 봉지를 들고 집을 나왔는데 현관 앞에 택배가 하나 와있었다. 배송시킨 물건이 없는데 이상하다 생각했다. 잘못 배송한 것인지 확인해보니 내 집으로 보낸 것이 맞았다. 누가 주소를 잘못 적은 것인가 했는데 내 이름이 적혀있었다. 물품명은 조명이라고 적혀있었다. 전구가 나가도 이제는 굳이 갈아 끼우지 않을 텐데 내가 조명을 주문했을 리가 없어 의아했다. 빠르게 쓰레기를 버린 후 택배를 들고 집으로 들어왔다. 발신인 이름과 주소란은 모두 비워져 있었다. 정체 모를 택배를 여는 것에 꺼림칙한 생각이 들었다. 살짝 흔들어보니 가볍고 딱딱한 물체가 들어있는 것 같았다. 진짜 조명인가 싶었다. 어차피 궁금해서 열게 될 거 그냥 빨리 열어보자 생각해서 커터칼을 들고 망설임 없이 박스를 감싼 테이프를 잘랐다. 박스 안에는 행성 모양의 무드등이 들어있었다. 짙은 남색 바탕에 보라색과 하늘색이 구름처럼 퍼져있고 밝은 노랑과 하얀색의 점들이 별처럼 흩뿌려진 무드등이었다. 그리고 그 옆에 작은 쪽지가 함께 들어있었다.

[아름답고 다채로운 세상에서 네가 무채색의 지옥 속에 살고 있다면, 나는 지옥 같은 세상에서 내가 찾은 색을 너에게 보내줄게. 이거 켜놓고 편안한 꿈 꾸길 바라.]

　쪽지에 적힌 두 문장을 읽고, 또 읽으면서 한참을 앉아있었다. 무드
등을 들고 빤히 바라보며 또 한참을 앉아있다 동봉되어있는 전선을 꺼
내어 콘센트에 꽂아보았다. 남색의 행성은 불이 들어오자 노랗게 빛
났다. 버튼을 누르자 푸르스름한 보랏빛을 내었고, 한 번 더 누르니 따
뜻한 분홍빛을 내었다. 침대 옆 작은 테이블에 올려놓으니 빛은 흰 벽
지를 타고, 천장까지 물들였다. 회색 소파와 이불도, 옷장 밖에 걸어놓
은 남색 카디건도 물들었다. 카디건을 옷걸이에서 빼내어 들고 침대에
걸터앉아 아직 세탁소 냄새가 나는 보송한 카디건을 품에 꼭 끌어안았
다. 작은 무드등에서 나온 따뜻한 노란색의 불빛이 무채색 방 안을 은
은하게 물들이고 있었다. 그 빛깔을 멍하니 바라보고 있으니 가슴이
울렁거리고 목구멍이 꽉 닫히는 느낌이 들었다. 손에 힘을 주어 카디
건을 꼭 쥐자 이내 눈물이 터져 나왔다. 순식간에 따뜻하고 축축하게
젖어버리는 얼굴에 카디건을 들어 거칠게 닦았다. 계속 닦아도 얼굴은
마르지 않았고, 카디건은 더러워졌다. 눈물 때문인지 무드등의 불빛
이 번져 보였고, 방 안은 더욱 노랗게 물들었다.

혼자만의 시간

후추

후추 끊임없이 꿈을 꾸는 몽상가.

매일 상상플러스를 하며 일상을 지내는 중입니다.

instagram:@himizisuya

Prologue - 특별한 날에는 케이크.

어렸을 때 특별한 날이면 케이크를 먹었다. 생일, 크리스마스 등등 무엇인가를 축하해야 하는 날 말이다. 그날의 분위기와 축하의 노랫소리 모두가 따뜻하고 기분 좋은 추억이다. 초에 불을 켜고 있으면 행복하고 따뜻한 기분이 들었다. "후 ~" 불면 꺼지는 촛불이 어찌나 신기하고 재미있던지 초에 여러 번 불을 다시 붙이기도 했다. 어린 시절의 좋았던 기억 때문에 케이크를 떠올리면 좋은 기억들이 떠올랐다.

어른이 된 지금은 언제 어디서나 케이크를 쉽게 먹을 수 있게 되었고, 세상살이에 찌들고 힘들 무렵 위로받고 싶은 날 케이크를 찾게 되었다. 힘들 무렵은 나에게 있어서 화창한 날이 계속된 가운데 먹구름 같은 거라서 가끔 있는 날이라서 나만의 특별한 날로 지정해두었다. 그 특별한 날에는 어린 시절 작은 입김으로 불었던 촛불을 떠올리게 된다.

달콤한 한 조각의 작은 케이크는 마음 한구석 비어있는 한 조각의 마음을 채워주는 역할을 한다. 마음속의 케이크가 채워지는 기분 좋아지는 날은 행복감에 미소가 절로 지어진다. 달콤한 케이크를 먹다가 보면 행복하고 따뜻했던 기억이 떠오르고 현재의 힘듦이 촛불과 함께 사라지길 바라며 나만의 특별한 날에 케이크를 먹는다.

달은 빛나고 있어.

어둠이 짙게 깔린 밤, 하늘을 보면 달은 많은 별들과 함께 세상을 비추고 있다. 그중에서 유난히 커 보이는 달은 이따금 나와 닮아 있었다.

새벽녘에 출근을 하고 시간이 어떻게 지났는지도 모르고 흘러 퇴근을 하면서 오랜만에 바라본 밤하늘의 달은 반쪽이 되어있었다. 달은 어떠한 이유로 수심이 깊었기에 얼굴이 반쪽이 되었는지 나는 궁금하였다. 달도 나에게 얼굴이 왜 이리 반쪽이 되었냐고 걱정을 하며 묻는 것 같았고, 그날 밤 나와 닮은 모습의 달에게서 위로를 받기도 했다. 집으로 가서 본 거울 속의 나의 모습은 힘들고 지친 모습, 얼굴에 드리워진 그늘 구깃구깃한 표정들이 거울 속에 꽉 차 있었다. 한 동안은 거울을 보기 싫었고, 거울 속의 내 얼굴에선 현재와 미래에 대한 불안으로 가득 찬 하루하루가 위태로웠다. 외부의 활동보다는 집에 있기만 했다. 그럴 때마다 지난밤 달에게 위로받았던 날이 생각나서 올려다본 밤하늘의 달에게서 내 모습이 어리기도 했다. 어둠이 삼킨 달빛은 반쪽짜리 빛도 있고, 손톱만큼의 빛도 있고, 마음이 아주 밝을 때도 있었다. 달은 어둠이 무섭지 않은 걸까? 수많은 별들 가운데 큰 빛을 내는 달의 모습이 내 모습 같아서 감정이입을 하게 되는지도 모른다. 달은 나에게 가까이 다가와 드리워진 어둠이 사라지게 나의 그림자를 크게 만들어주는 것 같았다.

사람의 얼굴은 반쪽이 되면 걱정하기도 하지만 살이 빠졌다며, 예쁘다고 말해준다. 음식을 많이 먹고, 얼굴이 동그랗게 변하면 살이 차올랐다고 좋아 보인다고 말하기도 한다. 달과 사람은 시간을 먹으며 살아간다. 시간을 먹으면 주름이 늘고, 달은 시간을 먹으면 빛이 늘어난다. 시간을 먹은 보름달은 세상을 환하게 비춘다. 얼굴이 동그래진 달에게 소원을 빌면 마치 동화 속의 신데렐라 요정처럼 소원을 듣고 이루어주는 것 같았다. 소원을 이루면 밤이 되기를 기다리다 달에게 감사의 기도를 올리기도 했다. "고마워, 달아, 내 소원을 이루게 해 줘서, 나와 함께 있어줘서 고마워."라고 말이다. 달은 빛을 환하게 내며 웃어주었다. 매일 밤 달은 어두워질 때까지 나를 기다리고 있었고, 지친 하루의 끝에서 달은 나에게 친구가 되었다. 한동안 내 얼굴이 빵빵해지면 다이어트를 한다며 밤 산책길을 나서며 15일에 한 번씩 동글해지는 달에게 요요현상 같다며 놀려대기도 했다.

　달과 별을 보면 나와 주위에 있는 사람들과 닮아있다. 달은 하나지만, 별은 밤을 수놓았고, 어릴 적 밤하늘에 있는 별을 보며 "이 별은 누구 별, 저 별은 누구 별" 하면서 사람의 이름을 붙이며 놀기도 하였다. 소중한 사람들이 하나 둘 주위에서 사라질 때 '별똥별'이라는 이름으로 나의 하늘에서 떨어지기도 한다. 어두운 밤, 별이 하나 둘 사라지지만 어둠만 남은 자리에 나만 덩그러니 있을까 봐 그것이 무섭고 두려울 때도 있었다. 달은 스스로 빛을 낼 수 없어 태양의 빛으로 반사를 하여 빛을 낸다. 나는 사람들 속에서 자체 발광하는 사람일까? 주위 사람들에 의해서 빛을 반사하는 사람일까? 아님 그냥 빛을 삼키는 어둠일까? 이런 물음표들이 머릿속에 떠돌곤 한다. 많은 사람들과 함께 있는 것이 좋다고 생각했는데, 어느 날부터인가 사람들을 만나면 금방 지쳐 에너지가 떨어지게 되었다. 혼자만의 시간으로 방전된 에너지를 충전할 수 있었다. 주말 동안 충전해놓은 에너지는 돌아오는 월요일에 체력과 감정의 방전이 되기 시작했다. 그래서 월요일이 다가오는 것만으로도 싫었다. 흔히 말하는 '월요일병'을 앓기도 하지만 퇴근하면서 날씨가 좋아서 달을 보며 걷다 보면 달에게서 위로를 받는 것 같았다. 달은 나에게 걱정하지 않아도 된다고 말하는 것 같았다. 혼자 빛을 낼 수 없으면 자신처럼 가만히 있어도 반사되는 빛에도 빛이 난다고 말이다. 아무것도 하지 않아도 된다고 충분히 빛나는 사람이라고 하였다.

나를 안아주는 바다.

　해가 온전히 얼굴을 드러내기 전 새벽녘에 선선한 바람이 불 무렵 바라본 드넓은 바다는 많은 생각을 하게 만든다. 가끔 여행을 하다가 본 바다는 세상의 슬픔을 가득 품은 느낌이 들기도 한다. 슬픔의 눈물을 가득 모아 세상 가득 넘치는 파도를 만들고, 저 멀리 세상에 지쳤는지 거품을 물어 오는 것이 내 마음과 비슷하게 느껴졌다.

　먼 수평선을 바라보고 있으면 망망대해에 떨어진 먼 나의 미래인 것만 같아서 멀고도 멀게 느껴졌다. 붙잡고 싶은 것들은 거품처럼 사라지고, 인생의 파도는 빠르게 등 떠밀려왔다가 바삐 사라지기를 수도 없이 반복한다. 바다는 세상의 모든 것을 품고 있었다. 많은 생명들과 더불어 나의 슬픔까지도 품고 있는 것 같았다. 깊은 바다는 푸른 속을 내비치기도 한다. 투명하다고 해서 모든 걸 드러낸 것이 아닌데, 투명한 게 전부라고 생각하고 깊이 빠져들면 위험하다. 그런 투명한 바다 속에 나 자신의 모습을 바다에 비춰보고 싶지만 수시로 움직이는 바다는 모든 것을 빠르게 휩쓸어 간다. 혼탁한 물을 가지고 있는 갯벌 위의 바다도 안전한 것이 아니다. 물이 있을 때는 그 속을 알 수 없지만, 진흙에 발을 내딛는 순간 서서히 나를 삼키려 들 것만 같은 느낌이다. 그런 바다를 바라보며 "바다도 많은 걱정이 있겠구나!"라는 생각을 했다. 물의 깊이의 수심(水深)이 아니라 마음의 수심(愁心) 말이다. 바다도 걱정이 많은 것이 아닐까? 넓은 바다는 많은 생명의 어머니로서 해야 할 걱정들, 해내어야 하는 것들 생각하는 것만으로 수심(愁心)이 느껴진다. 바람이나 폭풍이라도 찾아드는 날에는 바다의 걱정이 고스란히 나에게도 느껴졌다. 자신을 휘젓고 간 폭풍이 모든 걸 다 흩어 놓고, 그 속에 많은 것을 움켜쥐고 있는 바다이지만 쓸데없는 걱정은 접어두고 그저 흘러가는 데로 흘러가면 지구 반대편에서 자유를 찾을 수 있을 것만 같았다.

바다는 무겁고 커다란 바위도 작은 모래로 만들 수 있는 능력을 지니고 있다. 나도 바다처럼 마음속에 든 무거운 바위를 깎고 마지막엔 작은 모래로 만들 수 있을까? 좁고 작은 나의 세상에서 넘치는 파도는 오늘도 쉼 없이 거품을 물고 다가온다. 하루를 몰고 온 해는 바다를 비춰서 찬란한 윤슬을 만들고, 그 윤슬이 물결을 따라 일렁이는 순간은 마치 내 눈망울을 보는 듯했다. 가득 찬 눈물 때문에 눈이 반짝이고 건들면 금방이라도 터져서 넘쳐흐를 것 같은 그런 눈망울 같았다. 해는 낮 동안 빛을 다해서인지 지쳐 보이고, 충혈된 눈으로 하품을 하였다. 노을 진 해와 바다의 조합은 왠지 모르게 바닷물의 염분의 농도가 더 짙어지는 느낌이다.

많은 생명체를 품고 외로움과 힘듦의 고통을 눈물로 쏟아내고 땀을 흘리면서 염분의 농도가 짙어지지 않았을까? 마치 사람처럼 말이다. 사람도 더운 여름 땀을 쏟고 자신이 하는 일에 몰두하면 염분의 농도가 짙은 땀을 흘리기도 하고 감정에 따라 농도가 달라지는 눈물을 흘린다. 바다도 슬퍼서, 힘들어서 흘린 눈물은 아닐까? 사람은 가진 것에 인색하면 짜다고 하기도 하는데 바다는 인색해서 짠 것이 아니라 슬픔을 바싹 말려서 다이아몬드처럼 빛나는 소금을 보여주며 자신의 슬픔을 나타내는 것 같기도 했다. 바닷물을 가두어 햇빛에 말려 놓거나 가열하면 '소금'이라는 결정체가 나온다. 사람으로 치면 불교에서 말하는 사리 같은 느낌이 든다. 바다는 엄마 같은 넓은 마음으로 눈물로 지새운 날들에 대해서 지난 노력의 과정은 피가 되고, 살이 되므로 삶의 순간순간을 놓치지 말라고 나에게 미래에 대해 너무 걱정하지 않아도 충분히 무한한 가능성을 가지고 있는 사람이라고 토닥여 주며 따뜻하게 안아주었다.

장미는 시들지만, 다시 피어나.

길을 가다 들판에 핀 예쁜 꽃들이 내 발걸음을 멈추어 세웠다. 꽃에도 종류가 있고, 의미가 다 다르다. 새싹이었던 시절, 무엇이든 이룰 것만 같은 마음을 품으며 자라났다. 부모님의 보살핌 아래 씨앗을 틔우고 새싹이 자랐고, 따뜻한 사랑을 받고 시간은 흘러 꽃망울을 터트릴 때쯤 성인이 되었다. 가정이라는 울타리 안에서 자란 나와는 다르게 꽃은 저절로 피지 않는다는 것을 깨달았다. 꽃은 적당한 햇빛과 물이 있으면 언제 어디서든 필 수 있다는 것은 착각이었다. 시간이 흐르면서 꽃망울에서 꽃이 되고, 그 상태로 머물고 싶었다.

해가 지고, 꽃이 진 밤이 되면 꽃은 시무룩한 표정으로 고개를 숙이며 나를 쳐다보지 못할 때도 있었다. 그런 꽃을 보고, 내 모습 같아서 지난날을 떠올렸다. 활기차고 매력적인 모습에 이끌려 다가오는 사람들이 많아서 항상 그런 줄만 알았다. 특히 '장미'라는 꽃을 보면 붉은색 이미지가 강렬해서 '빨간 장미'를 떠올린다. 붉고 매혹적인 열정과 같고, 정열적인 이미지를 떠올리게 만든다.

장미의 아름다운 모습에 이끌려 다가온 사람들에게 스스로가 만든 가시로 상처를 입히고, 상처를 입은 사람은 도망가게 마련이다. 관심을 갖지 않으면 색을 잃고 말라 시들어 꽃잎이 떨어질 때 장미의 외로움은 더 커져가는 것 같다. 장미는 항상 가꾸어 줘야 하고, 관심이 필요한 꽃이다. 장미와 같이 가시를 가지고 있는 선인장을 생각해보자. 까칠하고, 따끔한 가지를 가지고 있지만 물을 한 번 머금고 오랫동안 사막 한가운데 서 있을 만큼 강인하다. 가꾸어 주지 않아도, 보살펴 주지 않아도 강인하게 항상 그 자리를 지키며 살아간다. 어쩌다 선인장이 꽃을 피우게 된다면, 그것은 행운의 상징이기도 하다. 나는 장미인 걸까? 그냥 사막의 선인장일까? 혼자 있는 건 좋은데, 또 관심은 받고 싶은 느낌이 든다. 인간관계에서도 나와 타인이 각자의 장미를 피우기 위해서 관심과 사랑을 서로 돌보는 모습에서 서로에게 관심을 가지고 상부상조하는 인간관계는 '장미'를 통해서 많은 것을 배울 수 있었다.

인생에 있어서 꽃길과 가시밭길이 있으면 대부분 꽃길을 선택한다.

여기서 꽃길은 인생의 평탄한 길이고 가시밭길은 인생의 순탄치 않은 가기 어려운 길이다. 장미는 꽃과 가시가 함께 있어서 장미 넝쿨로 가면 예쁘고 향기롭지만 그 길을 지나는 동시에 따갑고 아프다. 행복과 동시에 아픔을 느낄 수 있는 장미에게서 나의 삶을 되돌아보고, 사랑과 사람에 대해서 많은 것을 느낄 수 있었다. 봄이 오고 뜨거운 여름이 지나면 장미는 시들지만, 피어있었던 그 시간만큼은 가장 아름다운 시간이었다고, 시들기 전까지 행복했다면 다음 꽃을 피울 때는 더 아름다울 준비를 하면 된다고 장미가 가르침을 주었다.

Epilogue - 리허설 없는 인생.

인생은 생방송이다. 생방송인 만큼 NG도 없고, 다시도 없다. 한번 흘러가면 돌아오지 않는 시간과 무대이다. 변사만 없을 뿐 흑백의 무성영화처럼 날 것 그대로이며 생방송쯤이라고 생각하자. 매일 아침 막이 올라가고, 거울을 보며 핏기가 없는 얼굴에 그림을 그리고 색을 칠하며 분장을 한다. 분장으로 인해 생기가득 찬 얼굴로 바뀌었지만 이미 육체는 영혼과 분리된 유체이탈인 껍데기뿐이다. 직업마다 배역이 정해지고 의상이 정해져 있다. 각자의 배역과 배경에 맞는 의상을 입고, 영혼 없이 비몽사몽 터덜터덜 걷기도 하고 뛰어가기도 하면서 아슬아슬하게 닫히는 상자에 뛰어드는 사람들은 블록버스터 영화의 액

션배우가 되어서 상자 속에 몸을 비집고 빈자리가 있으면 앉게 되고 없으면 고리를 잡고 서있게 된다. 고개를 까딱이며 초면인 사람들에게 인사를 하며 옮겨진 상자가 도착한 그곳은 맹수들의 울음소리로 가득 차 있다. 호랑이, 늑대 등 많은 맹수들이 들끓고 서커스가 아닌 서커스를 준비한다. 동그란 불구덩이에 뛰어들기도 하고, 입에서 불을 뿜기도 한다. 우리는 광대 아닌 광대 노릇을 한다.

정해진 대사가 있지는 않지만, 즉흥적으로 대사를 하고 늘 같은 얼굴로 사람들을 만나고 때로는 신파극의 가슴 아픈 사람의 역할을 하기도 하지만 캔디같이 넘어져도 우뚝 일어설 수 있는 주인공의 역할을 자처한다. 매일 힘들어도 지쳐서 쓰러져도 우리는 다시 웃으며 미소로 하루를 마무리한다. 최대한 나의 기분은 꾹 누르고 그날에 맞는 대사를 해야 한다. 다른 인물들이 무대에서 사라지고 관객이 없을지라도 핀 조명이 내려오는 공간에서 독백의 시간이 되면 펑펑 울고 불며 대사를 치기도 하고 깔깔깔 웃으며 너스레를 떨며 주변에 호소를 한다. 눈물도 웃음도 거짓말일 수도 있지만 최대한 오늘의 이야기에 맞게 행동해야 한다. 만일 BGM이 흘러나온다면 그 음악에 맞게 열심히 노력하면 되는 것이고, 뮤지컬 공연이라면 노래를 불러도 상관없다. 상황과 맞는 음악들이라면 분명 멋진 공연이 될 것이다.

주연이라는 자리는 짊어져야 하는 부담감이 막중하다. 주연배우인 나와 함께 주변의 가족들, 친구들 등등 그리고 인생에 자그맣게 지나가는 많은 배우들까지 합해서 나만의 영화가 만들어지고 상영이 되는 날 세상과의 이별을 하기 위한 상영회를 열 것이다. 지금도 주마등처럼 지나가는 내 인생의 필름에 가장 중요했던 장면을 넣기 위해 지극히 평범하고도 특별한 일상을 보내고 있을 것이다. 주인공이라고 해서 부귀영화를 누릴 수는 없다. 청룡영화상이나 아카데미 시상식같이 많은 사람의 축하를 받는 시상식에는 참여할 수는 없다. 하지만 주인공으로서 레드카펫을 밟는 날이 오는 순간이 오면 수고했다고 출연료로 노잣돈을 받고 하얀 옷을 입고 36.5℃의 인간의 적정 체온에서 떨어질 때 박수소리를 들으며 멋지게 무대 인사를 마칠 것이다. 커튼콜도 할 수 없고 연습 없는 무대이지만 인생은 단 한번, 한번 뿐인 인생을 후회 없이 살아가자고 말하고 싶다.

터닝포인트

수현

수현

높이 솟아나다, 성장하다, 애쓰다.

제 이름의 한자를 찾아보면 이런 뜻이 나옵니다.

방황의 끝에서 만난 건강한 성장통으로 멈추지 않고 계속 나아가 한순간

도 포기하지 않은 자신에게 위로의 한 마디 건넬 수 있는 사람이 되길 바

랍니다.

instagram: @_sum_st

2019년 9월 17일

아주 평범한 나날이었다. 내게 평범하다는 것은 여느 때처럼 해가 머리 위에서 넘어가기 직전 기상하는 일이나, 아무도 없는 집 안을 휘적거리며 돌아다니는 일, 가스레인지 위의 먹다 남은 국으로 끼니를 때우는 일, 그리고 거실에 자리 잡은 낡은 가죽 소파에 앉아 하루가 가기를 기다리는 일 등 딱히 목적 없는 무료한 일상을 보내는 것이었다. 벌써 이런 일상을 보낸지도 5년도 넘었다.

처음부터 이런 생활을 한 것은 아니었다. 나도 한때는 꿈이란 게 있었으니까. 빛바랜 추억처럼 까마득 해졌지만 어린 시절 글을 쓸 수 있을 때부터 장래희망 칸에 써넣었던, 친구가 물으면 당연하게 설명해 주던 장래 희망 같은 거 말이다.

불행하게도 꿈은 꿈일 뿐이었다. 이토록 열정 없이 꾼 꿈이었다면 애초에 가지질 말 걸 그랬다. 꿈에 탁월한 재능이 있는 것도 아니었고, 그렇다고 재능을 대신할 간절한 의지가 있는 것도 아니었다. 꽤 오랫동안 간직해 온 꿈은 아무도 모르게 땅으로 떨어진 사과처럼 짓물려

방치되고 있었다. 이미 풀이 죽어 기세가 꺾인 꿈을 누가 관심 있게 들여다볼까.

나는 몸을 일으켜 푸념하듯 피어오르는 생각들을 머릿속에서 없앴다. 무기력한 몸에 잔뜩 늘어진 자주색 잠옷 바지를 질질 끌며 거실로 나왔다. 적막. 거실에는 적막한 공기만 가득했다. 소파 아래 차가운 바닥에 자리 잡고 리모컨을 들었다. 리모컨은 어제 내가 두었던 자리에 그대로 있었다. TV가 하얀 섬광처럼 번쩍거리며 켜졌다. 검은 화면에 156번이 눈에 들어왔다. 채널 역시 어제 내가 마지막으로 보던 곳에 머물러있었다. 이 집에는 나만 살고 있는 건가. TV 바로 위에 달려 있는 부엉이 시계를 확인했다. 2시 20분. 30분부터 시작이니까 조금만 기다리면 내가 즐겨보는 우주 영화 〈머물러 있는 곳에서〉가 시작할 것이다.

몇 년 동안 영화를 보는 것이 내 유일한 일과가 되었다. 눈이 오거나 비가 오거나 해가 쨍쨍하거나 바람이 불거나. 매일 같은 시간에 같은 영화. 무려 30년이나 더 된 영화인데도 화질이 깨끗한 편이었다. 슬슬 지겨워질 때도 된 것 같은데 끈기 없는 내가 성실하게 영화 시간을 지키는 걸 보면 영화가 꽤 마음에 든 것 같다. 아님 정말 할 일 없는 인생이거나.

30분. 지지직거리는 소리와 영화가 시작했다.

흑백 영화의 묘미를 알려주듯 영화에 다른 색은 나오지 않는다. 배우들의 목소리가 종종 입과 맞지 않는 것이 아마 후시녹음을 한 것 같다. 영화 초반, 처음 듣는 외계어가 내레이션으로 나오고 이내 하늘이 오로라를 연상케 하듯 오묘하게 변한다. 그 하늘 가운데 정체 모를 UFO 하나가 나타난다. 이를 알아차리는 사람은 아무도 없다. 딱 한 사람. 국제 우주 관찰연구소에서 일하는 한 30대 과학자, 그만이 유일하게 UFO의 존재를 인식한다. 그러나 그에게는 남모를 아픔이 있었다. 오랜 시간 자신도 모르게 쌓인 결핍과 열등감. 늘 최선을 다했지만 채워지지 않는 무언가가 스스로를 무능하고 무가치하게 여기며 자기 부정과 열패감을 만들었다. 인류 역사상 광활한 대우주의 위대한 발견을 앞두고, 어쩌면 자신의 삶이 완전히 달라질 수 있을지도 모르는 변화의 분기점에서 그는 아이러니하게도 작디작은 인간의 마음에 갇혀 있는 것이었다. 그도 그런 자신을 이해할 수 없었다. 애초에 이해가 되었다면 괴롭지도 않았을 것이다. 어린 시절의 가정불화 때문인지, 연속된 실패의 트라우마인지, 아니라면 정신적으로 병이라도 키우는 건지. 그가 소속된 곳에서 바라는 냉철한 사회적 자아와 또 다른 그의 내적 자아가 삼십몇 년 동안 첨예하게 대립하고 있었다. 도대체 무엇이 그를 가두고 있는지. 그는 자신을 뚫을 수가 없었다. 뚫고 나갈 수가 없었다. 무언가 가로막힌 듯 답답하고 고통스러웠다. 그가 혼란스러운 와중에도 외계인은 UFO와 함께 몇 번이고 그의 주변에 나타났고, 그때마다 그는 애써 외면할 뿐이었다.

나는 영화가 후반부로 넘어가 결말에 다다르려는 순간, 그러니까 과학자가 여전히 아무도 모르는 UFO를 드디어 혼자 마주하게 된 그 순간, 리모컨의 전원 버튼을 누른다. 그가 스스로를 깨어 결국 자기 이해에 도달했는지, 외계인을 대면하고 역사에 길이 남을 발표를 했는지 그가 어떤 결정을 내렸는지 나는 알 수 없다. 20분도 채 남지 않은 결말은 그렇게 우주 속으로 영영 사라진다.

그냥 선택을 알게 되는 것이 두렵다. 차라리 TV를 끄고 혼자 영화의 마지막 매듭을 지어본다. 분명 옳은 선택을 했겠지. 그는 그에게 옳은 행동을 했을 거야. 내가 만든 상상에서 절대적 해답은 없다. 나는 늘 이런 식이다. 혼자 생각하고 혼자 결정했다. 내겐 마무리하지 못한 일들이 줄을 섰다. 끝을 내면 죽음이라도 내주어야 할 것처럼 어정쩡한 상태로 애매하게, 어중간하게. 그렇게 자체적으로 고립을 택한 나에겐 혼자 해야 하는 일들이 늘어갔다. 그렇다고 5년이나 혼자 지내게 될 줄은 몰랐지만 이제 와서 후회한다고 뭐가 달라질까. 씁쓸한 내 모습을 떠올리니 안쓰러운 마음이 든다. 혼자 보는 영화도, 혼자 있는 시간도 꼭 익숙해지려 하면 외로움이 사무쳤다. 계속 이렇게 살면 되는 줄 알았는데 이마저도 온전히 내 것이 아닌 것 같았다. 이대로 살려면 이 생활에 만족해야 하는데 그렇지도 않은 것이다. 나는 그렇게 오랜 시간 아무도 보지 않는 외로운 싸움을 하고 있었다. 포기하지도 않고, 지독하고 고독하게. 언젠가 이 고통에서 벗어나길 바라며. 끝을 볼 수 있길 바라며.

2019년 11월 8일

해의 가장 서럽고 아득한 계절이 돌아왔다. 11월은 앞선 세 계절을 요령 없이 잘 지낸 사람들에게만 환대해 주는 달이다. 그렇지 않은 사람들에겐 모진 책망과 자책이 주어진다. 물론 아무도 나를 훈계하거나

타박하는 사람은 없다. 그럴 나이가 아니란 것도 잘 안다. 외부로부터 책임을 주의 받는 것은 나보다 어린 나이에나 듣는 것이다. 나는 그럴 시기가 지나도 한참 지났을 테니.

내가 어른의 책임이 무겁단 이유로 계속해서 미루고 전가했다는 사실은 받아들인다. 그러나 그 누구라도 있었더라면. 누구 하나라도 나를 도와주었다면 내가 지금 이렇게까지 되진 않았을 텐데. 한스럽게 한탄을 늘어놓는다. 내가 이렇게 될 때까지 왜 아무도 나를 잡아주지 않았을까. 나도 꿈이 있고 열정이 있었다. 가능성이 있고 잠재력이 있었다. 누구 하나 나란 사람을 알아주지 않았다는 사실이 비참하고 원망스러웠다. 아깝게 흐르는 시간 속에서 내 젊음도 꿈과 함께 꺾여 버린 것만 같다.

거실 창문이 열려 있는지 금세 방 기운이 낮아졌다. 코 끝에 시린 바람이 불어오니 마음에 정통으로 비수가 꽂힌다. 곪았던 상처들이 왈칵 터진다. 주체할 수 없는 외로움이 몰려오는 걸 겨우 외면하고 거실로 나왔다. 부엉이 시계는 쉬지도 않고 오늘도 2시 15분쯤.

어이없게 반나절이 가버렸지만 그런 것은 이제 상관이 없다. 부엌 식탁에는 엄마가 출근 전 차려 놓은 점심이 있었다. 아마 아침이었겠지만 또 점심이 되어버린 식은 잡곡밥이 나를 한참이나 기다린 것 같다. 엄마는 못난 자식을 위해 굳이 잡곡밥을 짓는다. 흰밥은 정성이 덜하다고, 콩밥은 누구 죄지을 일 있냐고. 보리밥을 한 적도 있는데 그건 방귀가 너무 자주 나와 영 속을 썩인다고 한다. 물론 나 같은 백수야 찬밥 뜨신 밥 가릴 처지가 아니지만. 가스레인지 위 동백꽃 무늬 냄비에 엄마 표 된장으로 끓인 시래기 된장국이 있었다. 덜어내는 것도 귀찮아 통째로 식탁에 옮겼다. 이 냄비는 5년, 아니 7년은 된 것 같다. 내가 집에 있을 때부터는 확실히 있었으니까 아마 그전에 엄마가 지인에게 사은품으로 받은 게 아닐까 싶다. 밥과 국, 조미 김 한 봉지를 식탁에 모아 두고 감사 인사를 전한다.

"오늘도 밥을 먹게 해 주셔서 감사합니다."

두 손을 포개 최소한의 예의를 차린다. 목구멍은 밥을 덥석덥석. 잘도 넘어간다. 1, 2년 까지는 눈칫밥을 먹었지만 그것도 익숙해지니 눈치를 밥 말아먹었나 보다. 식사 시간은 7분 정도. 빠르게 해치운다. 식사가 끝나고 깔끔하게 뒷정리까지 하면 모두가 제자리로 돌아간다.

엄마가 출근하면 이 집엔 또 나만 남는다. 하루 종일 그 자리에 그대로 집은 변함이 없다. 나는 무서울 정도로 정적인 이 집 안에서는 그나마 가장 역동적인 존재다. 내가 움직여야만 TV가 켜지고, 내가 움직여야만 냄비가 이동한다. 365일 외부 자극 없이는 변함없는 고체 덩어리들과는 차원이 다르다. 다를 것이다. 달라야만 한다. 그런데 어쩐지 오늘따라 집이 약간 낯설게 느껴지는 게 순간 닭살이 올랐다. 가죽 소파도, 오동나무 거실장도, 거실장 위 태국 코끼리 장식품도, 금방이라도 내게 말을 걸 것만 같았다. 아니 정말 말이라도 걸까 봐 불안했다. 만약 이것들이 그동안 본색을 숨기고 있는 거였다면? 그동안 나의 일거수일투족을 감시하는 요원들이었다면? 뜬구름이 뭉실뭉실 피어난다. 집에 너무 오래 있었던 거지. 미치지 않은 것이 이상한 거지. 나는 의식이 흐르는 대로 끌려갔다. 끌려가는 데는 전혀 위화감이 없었다.

영화 시청이 끝나면 소파 끄트머리에 앉아 창문을 쳐다본다. 정확히는 창문 밖, 세상을 본다. 양손 가득 장바구니를 든 아주머니, 중학생으로 보이는 발랄하게 뛰어다니는 두 여학생, 손주와 산책하고 집으로 돌아가는 할아버지. 4층 높이에서 볼 수 있는 것은 다 보인다. 한번은 집 앞에 매일 오는 택배 아저씨가 알고 보니 대머리였다는 사실을 발견했다. 아저씨는 더웠는지 가발을 벗더니 주민 하나가 다가오자 다시 급하게 얹었다. 다행히 나는 말할 상대가 없어 아저씨의 비밀을 지킬 수 있었다.

창밖 세상을 한참 구경하는 동안 시간이 훌쩍 지났다. 같은 자세로 몇 시간 있었더니 어깨에 담이 왔는지 움직임에 버퍼링이 일었다. 움직일수록 뻣뻣함이 더 심해졌다. 분명히 평소와 다르게 께름칙한 기분이 들었다. 사실 영화를 보면서도 전에 없던 지겨움을 처음 느꼈다. 아까도 집이 낯설더니 아직까지도 이상한 기운이 사라지지 않는다. 천천히 자리에서 일어나 거실을 한 바퀴 돌았다. 식탁 옆 안방 문이 5cm 정도 열려 있었다. 아예 안 들어가는 것은 아니지만 그렇다고 딱히 들어갈 이유가 없어 엄마가 없을 때는 굳이 관심 갖지 않았던 방. 문득 안방이 궁금해졌다. 문틈 사이로 어두운 빛이 들어오라고 손짓하는 것 같았다. 나는 조심스럽게 방문을 열었다. 어슴푸레하게 컴컴한 방의 불을 켰다. 퀸 사이즈의 침대, 거실장과 세트로 맞춘 오동나무 책상. 정리된 침구와 먼지 한 톨 없어 보이는 방바닥. 엄마의 성격이 그대로 드러나는 공간이었다.

오랜만에 봐도 친숙한 장면을 뒤로하고 내 시선을 사로잡는 것은 따로 있었다. 책상 아래 정돈된 방과 대비되는 잔뜩 구겨진 연갈색 종이 상자 하나가 있었다. 상자 뚜껑이 아무렇게 열려 있고 그 안으로 오래되어 보이는 책들이 보였다. 나는 홀린 듯이 상자 쪽으로 다가갔다. 자세히 보니 상자 겉에 '추억의 물건'이라고 쓰여 있었다. 필름처럼 기억의 한 부분이 머릿속에 스쳤다. 초등학교 때부터 모은 보물들이었다. 글을 쓰는 사람이 되고 싶다고 정한 그날부터 마음에 드는 책이 있을 때마다 용돈을 모아 수집했던 내가 떠올랐다. 묘하게 섞이지 못하는 관계에서 헤매고 있는 날 구원해 준 것이 책이었다. 책으로 세상을 간접적으로 체험하고 세상에 없는 것들을 상상하는 게 즐거웠다. 이리저리 치이며 받은 상처도 책을 읽고 나면 독한 진통제라도 처방받은 듯 깨끗하게 나았다. 나 같은 사람도 괜찮다며 책은 늘 위로해 주곤 했다.

상자 속 먼지 쌓인 책들을 하나씩 모두 눈에 담았다. 울컥 그때의 감정이 올라왔다. 〈내가 할 수 있는 것〉. 이 책은 처음 꿈에 대해 이야기하고 엄마가 선물해 준 책이었다. 세월의 흔적이 고스란히 묻어 어디 하나 성한 곳이 없었다. 하마터면 영원히 잊을 뻔했다. 나는 금방이라도 부서질 듯 말린 낙엽처럼 부스럭거리는 첫 장을 조심스레 넘겼다.

'너의 꿈을 응원해, 사랑하는 엄마가'

순간 감정이 최고조로 복받쳤다. 남들보다 적응력이 부족했던 내게 그저 무탈하게만 자라달라며 나무라지 않았던 엄마가 떠올랐다. 어쩌다 보니 내겐 탓하는 힘만 남아있었다. 내 맘대로 되지 않는 것들을 잔뜩 탓했다. 사람을 탓하고, 상황을 탓하고, 운명을 탓했다. 지나간 일을 후회하는 게 내 최선이었다. 기억의 파편이 하나씩 맞춰지자, 창문은 닫혀 있는데 느껴지는 냉기가 나를 더 슬프게 했다. 한번 터진 눈물이 걷잡을 수 없이 흘러넘쳤다.

분명 잠에 들었는데 흐릿하게 정신이 깨어 있었다. 꿈결인지 현실인지 모를 공간 속에 TV 섬광처럼 하얀 불빛이 스파크처럼 튀어 올랐다. 속이 울렁거렸다. 변하고 싶다는 마음과 변할 수 있을까라는 의문이 온몸을 휘젓고 다녔다. 해답 없는 문제에 빠질수록 나는 더 길을 헤매는 것 같았다. 순간 귓가에 영화 속 외계인의 목소리처럼 알아들을 수 없는 소리가 커졌다 작아졌다를 반복했다. 어지러운 정신 속에서 또렷한 소리를 들으려 애썼다. 그 소리가 점점 선명 해지더니 나는 더 깊은 무의식으로 빠졌다. 그리고 정확히 들렸다. 아까 보았던 책의 한 구절.

"기상하라."

2020년 2월 26일

새로운 해가 밝았다. 나는 스물아홉 해를 맞았다. 내 일과 중 내 나이에 어울리는 것은 하나도 없다. 나는 아직도 이따금씩 존재의 이유나 생의 본질을 찾고, 하루에도 몇 번이고 비관과 낙관의 롤러코스터를 탄다. 현실을 살아가면서 무 쓸모 한 것들은 다 끌어모아 의식의 망에 넣는다. 그렇게 라도 해야 살고 있다는 생각이 드니까. 엄마가 못마땅 해하는 것들은 전부 하는 거다.

내가 소위 평범하게 학교를 졸업하고 사회의 일원이 되는 것. 그것을 이루지 못해 이렇게 괴로운 걸까. 취업 준비든, 자기 계발이든 지금이라도 뭐든 해야 하는 것 아닌가. 아님 그런 시기는 이미 지나버린 걸까. 도대체 내 인생은 누가 책임져 주는 걸까? 이렇게 살다 끝나 버리면? 나는 어디에 하소연해야 할까?

오전 6시. 나는 깨어 있는 상태다.

세 달 전쯤 들은 희미한 그 소리 때문에 아침 기상이 계속되고 있다. 말도 안 되지만 내가 아침 일찍 일어나고 있다. 사람이 갑자기 변하면 죽는다고 했는데 다행히 난 죽지는 않았다. 다만 죽을 만큼 고통스러운 기상을 하고 있다. 내가 내 의지로 하는 일이라면 이렇게까지 힘들진 않겠지만 이건 자의 반 타의 반, 아니 타의가 맞는 말일지도. 그때 들은 요란스러운 소리가 계속해서 귓가에 맴돌고 있다. 마치 외계인이 내 몸에 침투라도 한 것처럼. 나를 숙주로 여기고 기생충마냥 잠식해 버린 것처럼. 외계인 같은 이상한 소리가 거슬려 무시할 수가 없다.

"해가 자꾸 서쪽에서 뜨나 봐"

엄마는 세 달째 믿을 수 없다는 표정을 짓고 있다. 겨울에 동면에 들어야 하는 곰이 똘망 똘망 눈을 뜨고 있으니. 나조차도 믿을 수 없지만.

주말에는 엄마가 집에 있다. 엄마는 내가 태어나기 전부터 일을 시작해 한 가정을 위해 일생을 희생하고 헌신해왔다. 엄마는 어렸을 때부터 일을 많이 했다. 넉넉지 않은 형편을 챙기고 동생들까지 돌보고. 엄마에게 여유란 사치였다. 그런데 결혼을 하고 나를 낳고 생각이 바뀐 지점이 있다고 한다. 앞으로도 이렇게 살 거라면, 자신의 행복도 챙겨야겠다고 생각했단다. 엄마는 다소 내성적이고 소극적이었던 성격을 바꾸고 더 자신 있게 당당하게 살기로 했다. 이제는 소소하게 사람들과 어울리고 가끔 여행도 다닌다. 생각이 바뀌면 모든 게 변한다고 내게 늘 이야기한다. 그런 엄마가 지금 나를 보면 얼마나 속이 상할지 나도 잘 안다. 대학까지 마치고 아무것도 안 하고 있는 자식이 달가울 리 없다. 마치 세상을 다 포기해버린 것처럼.

"응, 우리 딸? 집에 있지. 집에서 뭐 알아서 할 일 해. 조금 휴식이 필요한가 봐."

엄마가 지인들과 통화하는 내용을 들으면 속상하다. 엄마에게 너무 큰 불효를 하고 있다. 나도 다른 사람들처럼 그렇게 평범하게 직장 다니고, 부모님께 용돈 드리고, 여행도 보내주고 그런 로망이 있었는데.

"아니 언제까지 집에 있으라 할 거야. 요즘 애들 다 알아서 잘 하던데."

"이제 좀 내보내야 되는 거 아냐? 그러다 애 인생 망쳐."

"우리 아들은 엊그제 월급 받아서 엄마 선물 사줬어."

누구는 이렇게 말한다. 엄마는 그 떫은 소리들에 매번 나를 보호한다. 못난 자식이 못난 자식임을 부정하는 건 우스워 나는 아무 말도 하지 않는다.

"어머 원우 엄마. 오랜만이야. 잘 지내?"

이원우. 유치원 친구. 엄마에게 전화 온 사람은 원우의 엄마였다. 어렸을 땐 내가 키도 크고, 똑똑하다고 원우는 나와 비교되곤 했다. 키도 또래보다 한참이나 작고 성격도 소심해서 늘 혼자 있었는데 그럴 때마다 서러워 울던 원우의 얼굴이 생각난다. 그러다 초등학교, 중학교,

고등학교에 가면서 우리는 크게 차이 나기 시작했다. 전화를 들어 보
니 원우는 어학연수로 갔던 미국에서 대학을 졸업하고 국제은행에 들
어갔다고 했다. 연봉이 꽤 높아 젊은 나이에 벌써 집을 얻었다고 했다.
아마 나를 새까맣게 다 잊었을 테지. 엄마는 또 나를 보호하겠지. 원우
처럼은 아니어도 나도 어디든 쓸데가 있었으면 좋았을 텐데. 지금의
난 어디에도 내놓기 부끄러운 사람이 되었다. 내가 나를 그렇게 만든
것이다. 갑자기 서러움이 몰려왔다. 지금 내겐 온갖 서러운 것 투성이
었다.

　방에 들어와 침대 끄트머리에 앉았다. 전화 한 통이 걸려왔다. 근 5
년 동안 내게 온 전화는 대출전화, 인터넷 전화, 도박이나 선거철 유세
전화, 그리고 가족이 다였다. 그런데 생전 처음 보는 번호였다. 심장이
빠르게 뛰었다. 모르는 번호인데도 눈을 뗄 수가 없었다. 결국 나는 수
신 버튼을 눌렀다.

　아무 소리도 들리지 않았다.

　"지지직"

　역시 잘못 걸려온 전화겠지 하고 끊으려는 순간 희미하게 이렇게 들
리는 듯했다. 하면 되지. 쟤도 하고, 누구나 다 되는 건데.

　아 외계인이다. 외계인의 요란스러운 소음이었다. 나는 숨을 죽이
고 더 귀를 기울였다. 그러나 더 이상 목소리가 들리지 않았다. 이내
툭 하더니 전화가 끊겼다. 이상한 전화를 한참 바라보았다. 틀림없다.
그 목소리다. 그리고 문득 책 〈내가 할 수 있는 것〉의 한 문장이 머릿
속을 스쳐갔다.

2020년 5월 10일

한 번도 봄을 제대로 반겨준 적이 없는데 봄은 또 찾아왔다. 있는 그대로, 그 모습 그대로 봄을 즐긴 게 언제였을까. 변화무쌍한 계절을 따라 사람이 이리저리 휘둘린다. 가뜩이나 뿌리 없는 나는 여기로 저기로 얕은 씨앗을 뿌려본다. 어딘가 내 텃밭이 생기겠지 하고.

그 외계인 같은 전화가 또 올까 봐 노심초사하고 있었지만 그 후로 이상한 번호는 뜨지 않았다. 가끔 흐릿한 꿈에 이상한 소리가 들락날락하는 것 같지만 크게 신경 쓰진 않았다. 대신 다른 것에 집중하기 위해 독서를 했다. 꿈과 함께 오래전에 놓아 버린 것들을 다시 잡아 보려니 힘이 들지만 그 괴음에 신경 쓰는 것보단 낫다. 오늘 읽은 책은 〈데미안〉. 창문에 책을 거치고 한 손으로는 여유롭게 찻잔을 들었다. 그때 바람이 살짝 일렁이더니 창문 밖 나뭇가지가 흔들렸다. 그 바람에 내 손을 톡 하고 건드려 책이 1층 화단으로 떨어지고 말았다. 아. 밖이라니. 아무도 지나가지 않아 다행히 피해를 주진 않았다. 누가 있었다면 귀찮을 일만 생길 테니.

나는 옷장에서 가장 어둡고 가장 튀지 않을 검은색 옷을 꺼내 들었다. 아무도 관심이 없을 것 같지만 그래도 더 눈에 띄지 않는 것이 목표였다. 계단을 따라 1층으로 내려갔는데 공동 현관 앞에서 마치 해가 무서운 드라큘라처럼 덜컥 겁이 났다. 점심시간이라 엄마들이 초등학생쯤 보이는 아이들의 손을 잡고 하교하고 있었다. 책을 가져와야 한다. 오직 책만 생각하고 밖으로 발을 내디뎠다. 5년 동안 외출은 손에

꼽는다. 이런 식으로 밖에 나오리라 생각해 본 적이 없다. 나는 나만 비추는 것 같은 해와 대적하며 화단으로 걸어갔다. 책을 수거해 오는 데는 문제가 없었다. 책을 잡아 일어섰을 때 한 아이와 마주했다. 아이는 학교에 갔다 오는지 가방을 메고 신주머니를 들고 장난스러운 얼굴로 나를 바라보았다. 나는 순간 굳어 움직일 수가 없었다. 아이가 몇 초 서 있더니 반대쪽에 엄마를 부르며 돌아섰다. '엄마! 드라큘라가 있어!'라면서.

나는 잠시 아무 생각 없이 서있었다. 강력한 햇빛에 꽁꽁 싸맨 몸이 뜨거워졌다. 머리에 쓴 후드를 뒤로 젖혔다. 이제야 세상이 조금 선명해졌다. 길가에는 수목들이 분홍색 벚꽃물을 들이고, 사람들은 저마다 행복해 보이는 미소를 띠고 있었다. 연인들은 벚꽃 사이에서 사진을 찍고, 아이들은 활기차게 뛰어다니고 있었다.

이 건물이 원래 있었나? 처음 보는 노란 벽돌로 지은 건물이었다. 이 카페도 처음 보네. 카페 말고도 그 옆 식당도 처음 봤다. 내가 집에 혼자 있는 동안에도 세상은 계속 변하고 있었다. 모두 형형색색의 빛을 입고 봄을 반기고 있었다. 고립, 절제, 격리, 소외. 아무에게도 눈에 띄고 싶지 않았던 나는 화려한 봄빛 사이에서 어두컴컴하게 가장 튀고 있었다.

행동하라. 사실 두 달 전부터 책의 한 문장을 실천하고 있었다. 기상은 이제 어느 정도 익숙해져 알람 없이도 일어났다. 게임처럼 계속 다음 단계로 나아가는 느낌이 좋았다. 내가 진짜 원해서 하고 있는지 아직까지 잘 모르겠지만 어쨌든 내 몸으로 직접 체험하고 있다. 다만 아주 천천히, 아주 느리게 흘러갈 뿐이다.

잊혔다고 생각한 꿈이 풍선 부풀 듯이 금방 불어나진 않겠지만 행동해 보기로 했다. 한창 학교 다닐 때 과제 제출용으로 썼던 블로그를 다시 접속했다. 마지막 방문은 2014년 10월. 고등학생 때부터 사용해서 글이 꽤 많다. 이웃 수도 어느 정도 있었는데 지금은 거의 빠진 것 같다.

'모두가 한 번 사는 인생, 조금 더 자유롭고 조금 더 행복하게 살면 좋을 것 같다는 생각일 뿐입니다. 우리가 우리 자신을 발견하게 된다면 보다 만족스러운 삶을 빠르게 경험할 수 있을 겁니다. 채워지지 않은 무언가의 해답을 찾을지도 모르고, 오랫동안 갈망했던 자신을 맞닥뜨릴지도 모르고요. 고뇌하던 어떤 생각의 시선이 달라질 수도 있고, 진정 바라고 소원했던 일에 도전할 수도 있을 겁니다.'

한 이 주 전 쓴 글이다. 떠오르는 생각을 적었다. 누군가에게 조언하는 것도 아니고, 응원하는 것도 위로하는 것도 아니지만, 그냥 적었다. 오랜만에 써보니 손가락에 힘이 들어갔다. 왜 적을 생각을 안 했을까. 지난 5년 동안 그럴 힘조차 없었을까. 어떤 힘으로 살아가야 할지. 그것만 고뇌하다 구멍 난 타이어처럼 질긴 고무 허물만 끌어안고 있었다. 바람은 채워지지도 않는.

'선하고 선량한 본질성만 갖도록. 혼란스럽고 불완전한 것들로부터.'

글을 또 적었다. 내 안에 부푼 불만 덩어리가 작게나마 해소되는 느낌이었다. 나한테만 집중하는 시간이었다. 독서도, 글쓰기도. 그 쉬운 걸 놓치고 있었다. 물론 단순한 것이 더 어렵다. 당연한 것은 소중함을 잃는 것처럼. 창문을 반쯤 열었다. 오늘따라 듣고 싶은 소리가 있었다.

"지지직"

눈을 감고 귀를 기울였다. 오늘은 들릴 것 같았다. 그래 그렇게. 천천히 조금씩이라고 말하는 것 같았다.

2020년 7월 24일

시간은 속절없이 흘렀다. 무더운 여름에 나를 온몸으로 맡겼다. 가는 시간을 어떻게 잡겠냐마는 시간이 흐를수록 애써 무시하고 살아왔을 때는 몰랐던 시간의 소중함이 느껴졌다.

블로그에 이웃 몇 명이 늘었다. 그리고 댓글도 달렸다. 대부분은 광고 글이었지만 그중에 응원의 메시지도 있었다. '맞아요. 그런 날이 있지. 하고 잊어버려요. 힘내세요!' 이름도 얼굴도 모르는 낯선 이의 한마디였지만 은근한 든든함을 느꼈다. 온라인 세상 참 따뜻하네. 오프라인은 포기하고 온라인에서 활동할까. 그러면 더 고립의 길을 걷겠지. 진짜 드라큘라가 될 순 없으니 말이다.

새로 이웃한 블로거들을 구경하다 이웃 리스트에서 한 이메일 주소에 눈길이 멈췄다. 서예였다. 나의 가장 오래된 친구이자 벗. 초등학교부터 대학교까지 반평생을 함께한 친구였다. 서예는 딱 사람들이 좋아할 만한 모든 것을 다 갖추고 있었다. 서글서글한 외모, 호감형의 말투, 적당한 키와 체형, 활동적인 성격, 천연 곱슬머리만 빼면 서예 자신도 불만족스러운 부분이 없었다. 게다가 서예는 워낙 긍정적이고 항상 자신감이 넘쳤다. 서예에게 두려울 건 없었다. 실수한 부분이 있다면 다음엔 조심하면 되었고, 억울한 부분이 있다면 짚고 넘어가면 되었다. 서예는 스펀지처럼 뭐든 흡수하고, 용수철처럼 몇 번이고 튀어올랐다. 세상과 서예는 조화롭게 잘 어울렸다.

그런 서예를 볼 때마다 나는 내 안의 부조리 꽃을 피웠다. 세상은 불공평하다면서. 누구는 작고 사소한 것들에 쉽게 상처받고, 자책하고, 자신에게 불합리한 것들까지 내치지 못해 고통받는데, 그런 감정을 아예 모르고 사는 사람도 있다는 것이 억울했다. 그러면서 억울해하는 나 자신이 더 불쌍했다. 이런 생각밖에 할 수 없는 내가 너무 미웠다.

그런데 서예는 나를 좋아했다. 진심으로. 초등학생 때 함께 다녔던 기억이 좋은 추억이 되었다고 했다.

"네 글은 옳은 말만 해. 쓸데없이 징징대지 않아."

"어떻게 이런 생각을 했어? 역시 내 친구 글은 가치가 있어."

서예는 내가 쓴 글을 읽을 때면 꼭 칭찬을 아끼지 않았다. 나는 고마우면서도 한 편으로 완전히 믿지 않았다. 의심했다. 내가 어떻게 너 같은 사람이랑 어울리겠어. 그냥 하는 말이겠지. 우린 절대 어울리지 못해. 내 착각과는 다르게 이후 서예는 나와 같은 중학교, 고등학교, 그리고 대학교까지 다니며 우정을 쌓아갔다. 그 우정에는 전적으로 서예의 힘이 컸다.

한 번은 반에서 한동안 왕따를 당했었다. 나는 사람들과 쉽게 친해지는 편이 아니었음에도 노력하고자 했다. 조금은 과하다 싶을 정도로. 친구들이 웃으며 좋아하길래 그런 줄만 알았다. 며칠이 지나니 내가 조건 없이 건넨 선의들이 웃음거리로 전락했다. 나는 불편한 상황에도 거절하지 못하는 호구가 되었다. 그리고 적절할 때 서예가 나타나 아이들을 타일렀다. 같은 나이대라고 느껴지지 않을 정도로 침착하고 지혜롭게. 나는 서예 덕분에 왕따를 벗어 낫지만 그 후로 자신감은 더 떨어졌다.

"네 안에 선인장을 하나 키워. 엄청 뾰족하고 날이 선. 그리고 누군가 네 선인장을 건드릴 것 같으면 찔러버려. 허락도 없이 건드린 죄지. 대신 네가 마음에 드는 사람은 물을 줄 수 있게 해. 선인장은 물 없이도 잘 자라지만 적당량의 물은 필요하거든. 그럼 때때로 물을 충분히 머금는 거야."

"너는 평소에 적당한 온도와 습도만 유지해 주면 돼. 아주 쉽지. 선인장은 강하거든. 느리지만 강해."

서예가 내 인생에 미친 영향을 안다. 서예는 내가 나를 확립하려고 만난 세상 중 가장 큰 부분을 차지한다. 그런 서예까지 두고 고립을 택한 것을 후회한 적도 있다. 아니 매일이 후회였다.

나는 충동적으로 메일을 썼다. 받는 이는 김서예. 못다 한 그리움과 강력한 의지를 담아서. 전송.

그 후 서예를 만났다. 오프라인에서. 서예는 여전히 밝고 명랑했다. 같이 있는 것만으로도 나까지 에너지가 채워지는 것 같았다. 학교 졸업 후 약 5년의 시간이 흘렀지만 서예는 어제 만난 친구처럼 나를 대했다. 전혀 이상할 게 없었다. 나 혼자서 괜한 걱정을 한 것 같았다. 서예는 여전히 내 글이 좋다고 했다.

"네가 다시 용기를 얻었으면 좋겠어. 가장 너답게."

서예의 말이 다시 내 삶에 들어왔다.

"너에게 좋은 일이 있을 것 같아. 같이 일해볼래?"

혼자 생각하고 혼자 결정 내리는, 오직 한 가지 기능만 할 줄 아는 내게 새로운 체계를 입력하려 한다. 내가 할 수 있을까. 내가 그래도 되는 걸까.

"그런 표정 짓지 마. 친구끼리 이정도로 뭘. 다시 연락해 줘서 너무 고마워."

그날 집에 돌아와 눈에 고인 눈물들을 쏟아냈다. 다시 만난 것도 기적이고, 내가 다시 일어선 것도 기적이었다. 오랫동안 신발장 안에 넣어 두었던 새 신발이 된 기분이었다. 드디어 나를 신고 나가는구나. 드디어 나도 밖에 나가는구나.

"지지직"

소리가 들렸다. 어느 때보다 아주 가까이. 집 안에서, 아니 방 안에서 나의 모든 것을 알고 있는 것처럼.

2020년 9월 9일

5년 동안 꿈쩍 않던 내 인생이 움직였다. 일찍 기상하고, 다시 글을 쓰고, 사람을 만나고, 세상에 얼굴을 내밀었다. 그동안 나는 새장 안에 갇혀 푸드득 대며 제자리 날갯짓을 하고 있었다. 새장 밖에 자유로운 새들을 몹시 동경하면서도 정작 철창 속에서 편안하고 안락한 삶을 영유해왔다. 그것이 영원하지 않음을 알면서도. 할 수 있는 게 없어서.

무엇을 할지 몰라서. 딱 그 심정이었다. 꿈도 잃고, 자신도 잃고, 내겐 가진 게 없었다.

'인간이란 참 묘한 존재들이야. 요술쟁이들이 죽은 뒤로 인간은 제대로 보질 못해. 게다가 자기 눈이 보이지 않는다는 사실을 의심조차 안 하지.'

그러나 나는 갇히지 않았다. 철창 문은 열려 있었고 밖으로 나가지 않은 것은 나다. 아무리 회피하려 해도, 아무리 단념하려 해도, 정면으로 마주해야만 했던. 돌고 돌아서 결국 만나야 하는. 내 삶, 내 행복. 파랑새 동화에 위 구절이 나온다. 사라진 줄 알았던 파랑새는 새장 안에 잘 있었다. 파랑새는 행복이다. 나는 파랑새다. 고로 나는 행복이다. 나는 나의 행복이다. 내가 없이는 절대 나의 행복을 논할 수 없다. 나의 행복을 위해서라면 나는 움직여야 한다. 행복을 데려와 행복이 되어야 한다. 내가 나를 바꿔야 한다.

여름이 끝나갈 무렵부터 서예가 소개해 준 독립서점에서 일을 도왔다. 아직 사람과 직접 대면은 부담스럽다는 내 부탁에 모두가 이해를 해주었다. 이런 게 세상 사는 거구나. 조금씩 이해하고 조금씩 덜어내고. 서툴지만 천천히 한 발씩 내밀고 있다. 내가 하는 일은 서점에 들어오는 책을 홍보하는 블로그와 SNS를 운영하고, 가끔 도서 작가 사인회나 도서 토크쇼 등에 필요한 카탈로그 글을 써주는 것이다. 이 정도 일이라도 내겐 작은 세상을 들어 올리는 일이었다. 밑바닥이라고 생각했던 사람에게 수면 위로 올라오는 법을, 올라와 버티는 법을, 그리고 마침내 튀어 오르는 법을. 그런 기회가 주어지길. 어쩌면 내가 포기하지 않고 버텨온 이유일지도 모른다. 때는 찾아온다. 어려움 속에서 가늘고 끈질기게 견딘 자에게.

다음 주 수요일에 열리는 베스트셀러 작가 사인회를 위해 홍보 글을 작성하는데 편집장님께 연락이 왔다. 메시지로 다정하게. 내 블로그 링크를 보내주면서 내 것이 맞냐고 물었다. 부끄럽지만 최근 다시 시작한 블로그라고 말했다. 그러자 편집장님이 놀라운 말을 전했다. 수요일에 열리는 작가 사인회에 참가하는 작가님 중 내 블로그를 방문한 한 작가님이 내 글을 보고 나를 만나고 싶다고. 말도 안 되는 소리다. 아니 미친 일이다, 이건. 작가님이 본 글은 최근 올린 '인생은 9회 말 2아웃'이라는 글이었다. 프로야구 골수팬인 부모님 덕에 야구를 꽤 보러 다녔는데 매번 야구장에 갈 때마다 야구가 꼭 인생 같다고 생각했다. 게다가 내가 좋아하는 구단은 꼭 9회 말 2아웃부터 경기가 반전된다. 한참을 뒤지고 있다가도 완전히 뒤엎어버린다. 경기가 와장창 짜릿하게 역전된다. 사람들은 손바닥 뒤집 듯 뒤집히지 않는 인생에서 잠시나마 짜릿한 변수를 만들어내는 야구를 보러 온다. 글에는 그동안 야구를 보며 느낀 이런저런 이야기를 넣었다.

마침 작가님도 야구팬이라고 했다. 언젠가 같이 야구를 보러 가자고 했다. 지킬 수 없는 약속은 하면 안 되는데. 아무리 생각해도 미친 일이다. 내 인생에 자꾸 변수가 늘어난다. 인생이 야구보다 더 재밌으면 큰일이다.

일을 끝내고 잠시 집 앞에 나왔다. 어느새 초저녁 공기가 선선했다. 이틀 전 작게 월급이란 것도 받았으니 엄마가 좋아하는 팥 빵을 하나

사기로 했다. 골목 끝에 가로수 두 그루를 사이에 낀 빵집 하나가 눈에 띄었다. 알록달록 별, 화성, 지구, 푸른 은하수. 우주가 콘셉트인가 보다.

"안녕하세요. 처음 뵙는 분이네요."

외계인같이 눈이 커다랗고 피부가 살짝 초록빛이 도는 젊은 여자였다.

"저희가 마침 오픈 5주년 기념으로 특별한 행사를 하고 있어요. 만 원어치 구매하시면 이 외계인을 드립니다."

여자가 양손에 초록색 외계인 모양 인형을 흔들었다. 나는 멋쩍은 표정으로 팥 빵 5개를 담아 카운터에 가져갔다. 여자가 카운터 밑에서 우주선 모양 비닐봉투를 꺼냈다.

"그냥 아침에 출근하고, 빵을 만들고, 손님을 응대하고, 빵을 팔고. 그렇게 매일 하는 거죠."

신이라도 난 듯 여자가 흥얼거리며 말했다. 나는 인형까지 넣은 포장해준 빵을 받고 돌아섰다.

"저희가 무너지지 않고 지속하는 방법이 말이에요! 궁금하신 거 같아서. 또 오세요!"

문을 열고 나가려는데 여자가 또다시 말을 건넸다. 순간 여자의 목소리가 지지직거리며 잡음이 일었다. 익숙한 소리에 왠지 모르게 반가웠다. 여자는 여전히 미소 띤 얼굴로 날 보고 있었다. 얼굴은 아까보다 더 초록빛으로 변한 것 같았다.

2020년 11월 2일 D-1

아주 오래된 꿈을 하나 꾸었다.

열두 살쯤 나는 짧지만 무성한 머리를 양 갈래로 묶고 있었다. 숱이 많아 삐죽삐죽 튀어나오는 잔머리를 정돈하는데 엄마가 방문을 두드렸다. 엄마는 품 안에 종이 박스 하나를 안고 잔뜩 상기된 목소리로 내게 말했다.

"생일 축하해, 우리 딸!"

엄마가 건넨 상자 안에는 방금 산 것처럼 깨끗한 책 하나가 있었다. 일주일 전 시에서 주최한 어린이날 기념 청소년문학상에서 금상을 받았다. 1등은 아니었지만 우리 학교에선 최초 수상이었다. 게다가 초등학생이 금상을 받는 경우는 전무후무하다고. 나는 마치 큰 공이라도 세운 마냥 며칠 동안 인터뷰와 사진을 찍느라 끌려다녔다. 어른들은 내가 쓴 글보다 수상에 더 관심을 보이는 듯했다. 우리 엄마만이 유일하게 내 글에 대해 물었다. 그도 그럴 것이 그 글은 전부 엄마의 이야기였다. 나는 엄마가 어렸을 때 할머니로부터 받은 가혹한 고통을 잘 알고 있었다. 엄마는 내게 종종 자신의 어린 시절 이야기를 해주었다. 엄마는 6남매 중 첫째로, 장녀의 책임을 견뎌야 했다. 엄마는 씁쓸해하면서도 이 이야기를 피하지 않았다. 왜냐하면 엄마는 할머니를 용서했기 때문이다. 훗날 할머니가 눈을 감을 때까지 엄마는 끊임없이 스스로에게 용서의 바람을 불어 넣었다. 당시 할머니가 그렇게 해야만 했던 이유, 그럴 수밖에 없었던 환경과 상황들. 모든 것에 먼저 용서와 화해의 손을 내밀었다. 그래서 엄마는 웃을 수 있었다. 할머니가 관으로 들어가는 마지막 순간까지도 엄마는 울지 않았다. 엄마는 할머니를 용서했다. 그렇게 되기까지 엄마에겐 수많은 밤이 필요했다. 마음에 몇 번이고 변하겠다는 의지가 필요했다. 낡고 병든 과거로부터 벗어나 다시 태어나야 했다. 마침내 엄마는 삶의 터닝 포인트를 찾았다고 했다. 그 후로 엄마의 세상은 밝아졌다. 엄마의 마음 한편에 환한 해가 들어섰다.

나는 엄마에게 들었던 모든 이야기들을 내 방식대로 글에 옮겼다. 인터뷰했던 라일 초등학교 교내 신문 1면에 이렇게 쓰여 있었다. '어른의 변화와 아이의 시선이 만나 다시 태어난 삶." 그날을 기점으로 나는 글을 쓰는 사람이 되기로 마음먹었다. 엄마에게 가장 먼저 내 꿈을 알렸다. 엄마는 누구보다도 환하게 웃어주었다.

2020년 11월 3일 D-DAY

5년 전쯤 가족들과 방문했던 기억이 마지막이다. 야구장 입구 쪽 7번 유니폼을 입고 있는 판다 마스코트 조형물 앞에서 사진을 찍었었다. 판다는 까만 눈 한 쪽이 약간 녹슬어 보이지만 여전히 인기가 좋았다. 포토 존을 뒤로하고 약속 장소인 3번 게이트로 향했다. 직접 만난 작가님은 생각보다 더 우아했다. 키는 한 170cm쯤, 머리는 밝은 갈색에 중 단발. 머리 컬이 풍성해 보이는 게 아마 최근에 펌을 하신 것 같았다. 몸에 걸친 짧은 스트라이프 블레이저와 셋업 팬츠는 길쭉한 작가님과 찰떡처럼 잘 어울렸고, 사진에서 본 것처럼 눈매가 살짝 올라간 것이 작가님의 매력이었다. 누가 봐도, 아니 누구에게도 좋은 사람이 되지 않을 수 없는 사람이었다. 고고하게 풍기는 분위기에 나도 모르게 빠져 버릴 것만 같았다. 이런 사람이 글까지 쓰다니. 세상에 '완벽'이라는 표현이 어울리는 사람을 직접 본 것은 처음이었다.

"끝났다고 생각하면 진짜 끝난 겁니다. 용수철처럼 다시 튀어 오를 수 있음을 잊지 마세요. 이 부분이 정말 와닿았어요. 저도 힘들었던 시절이 있었지만 그것이 곧 끝은 아니라는 걸 알았거든요."

작가님이 옥구슬이 굴러가는 듯한 목소리로 말했다. 내가 블로그에 썼던 글 중 한 부분이었다. 작가님도 자신에게 주어진 운명과 싸우며 이기지 못한 시절, 힘든 시기를 버티며 살아온 경험을 이야기해 주었다. 역시 사람은 다 비슷한 걸까. 다르게 보이지만 엇비슷하게. 엇박자를 맞추며 그렇게 다들 살고 있는 걸까.

"어느 날 철옹성같이 단단했던 제 마음의 벽이 우르르하고 무너져 버린 거예요. 번데기가 마침내 껍질을 벗으며 완전 변태에 이르듯이, 강물이 모여들어 바다에 속하듯이 그렇게 자연스럽고 순간적으로 '변화(變化)'가 찾아온 겁니다.

변화는 늘 우리 안에 있는 것 같아요. 우리가 할 수 있는 건 긴 시간, 지속적으로 애쓰고, 믿고, 포기하지 않는 것. 그뿐입니다."

작가님의 말 한마디 전부 주옥같았다. 한때 내가 진정으로 바란 일을 하는 사람. 그 꿈을 실현한 사람. 다만 첫인상에 작가님 뒤로 비추었던 초월적인 우상의 빛이 좀 더 인간적이고, 좀 더 친숙하게 변했다. 인생의 모든 진리를 알게 된 것처럼 나는 힘차게 고개를 끄덕였다.

야구는 8회를 넘어 9회로 달려가고 있었다. 점수는 9 대 9.

　　그때 갑자기 하늘이 흑과 백 두 가지 색으로 채워졌다. 관중들은 여전히 절정으로 치닫는 경기를 응원하고 있었다. 어느 누구도 하늘의 변화를 감지하지 못한 것 같았다. 나는 두 눈을 비비고 다시 하늘을 쳐다보았다. 오로라 같은 빛이 폭죽처럼. 감히 아름답다고 말할 수 없을 정도로 기이했다. 나는 크게 소리쳤지만 소리가 허공에서 맴돌다 바람 빠지듯 사라졌다. 다른 시공간에 갇혀 버렸는지 작가님과 사람들은 야구 경기에 한창이었다. 탕! 하고 타자가 스트라이크 볼을 받아쳤다. 공은 하늘 위로 솟아오르며 전광판과 경기장을 훌쩍 넘어 빛이 되어 사라졌다. 그리고 그 빛에서 흐릿한 무언가가 나타났다. 나는 눈을 크게 떴다. 그러나 그 존재를 인식하려는 순간 내 몸이 떠오름을 느꼈다. 발이 땅과 멀어지더니 몸이 깃털처럼 가벼워졌다. 이내 중력을 거스르는 것을 거부하듯 가슴이 빠르게 뛰었다. 심장이 거친 호흡을 내뱉고 정신은 혼미해졌다. 영화에서만 보던 믿을 수 없는 일이었다. 아, 영화가 떠올랐다. 내가 영화 속에 들어온 걸까. 영화를 너무 많이 보더니 영화 주인공이 되어 버린 걸까. 식은땀이 등허리를 감쌌다. 그런데 문득 결말이 궁금해졌다. 한 번도 보지 않았던 그 끝 말이다. 아니, 궁금하기보단 확신이 들었다.

　　내 안에 깊게 잠자고 있던 내면의 파도가 크게 솟구쳤다. 강력한 파동이 목울대를 강타했다. 변하고 싶다는 울림이 온몸으로 퍼지고, 오랫동안 갈망했던 것처럼 목마름이 해소되고 있었다. 내게도 찾아온 걸지도 모른다는 생각이 들었다. 끝끝내 바라던 것. 포기하지 않고 애써 온 것. 멀게 만 느껴졌던 그것이 거침없이 나를 휘젓고 있었다.

내 남자친구는 국가대표

김정은

김정은

자책의 연속이었던 요새 글 ego는, 나에게 색다름을 가져다주었다. 유독 다른 이들의 눈초리를 견디기 힘들어했던 나는, 남들 입맛에 맞추는데 몰두해서 정작 바로 옆에 있는 소중한 사람들을 놓쳤다고 말해도 과언 이 아니었다. 그게 헤어진 남자 친구였든 가족이었든 친구였든 그 뭐든 말이다. [미움받는 용기]라는 책도 있는데 그런 용기조차 버겁게 느껴지 는 게 현실이라는 걸 뼈저리게 깨닫고 난 이후 자아성찰이란 개념에 목 을 맸던 것 같다. 처음엔 인정받기도 부족하고 사랑받기에도 시간이 빠 듯한데 왜 미움까지 받아들여야 하나 이해 못 하는 마음이 더욱 컸었다. 쉽게 말하면, 난 이타적으로 살기 위해 노력했다. 어른들 눈엔 짧디 짧은 23년에 불과하겠지만, 23살까지 다른 사람들에게 마냥 착하고 예쁜 사람 이 되고 싶은 내가 이제 와서 바뀔 수 있을까 하는 의문으로, 이 글을 써 나가기 시작했다. 나를 머리부터 발끝까지 투영했던 지은과 비현실적인 사랑을 끊임없이 추구하던 찬이. 어쩌면 나의 바람이었고 연속적인 고찰 로 인해 빚어진 경험이었다. 미련스럽기 그지없던 나의 글이 한층 더 성 숙해지길 꿈꾸면서-.

blog: blog.naver.com/kidbire

너와의 첫 만남은 그리 특별하지 않았다. 남들처럼 평범하게, 한번 보고 말 사이 정도로 우린 그렇게 스쳐 지나가듯 만났다.

"저기요! 공 좀 주워주세요!"

아빠의 휴가 겸 놀러 온 바다였다. 아빠 친구들의 동호회 탓에 입이 떡 벌어지도록 큰 펜션을 잡았고 아빠는 오랜만에 하는 취미 생활에 굉장히 신나 보였다. 이와 반대로 억지로 끌려온 우리들은 내내 겉도는 게 당연했고. 예전에는 분명 거리낌 없이 깔깔대며 놀았던 것 같은데 다들 사춘기가 온 것인지 스마트폰만 들여다보며 자기 할 일에만 집중하는 모습에, 난 어색함을 이기지 못하고 밖으로 나왔다. 얼마나 걸었을까. 저 멀리 마른 모래사장에서 약한 먼지바람을 일으키며 축구를 하는 아이들이 눈에 띄었다. 이왕 온 김에 구경이라도 좀 하고 갈까 싶어 본격적으로 자리를 잡으려고 할 때쯤 갑작스럽게 공이 데구루루 굴러와 발 앞에 멈췄다. 그와 동시에 멀리서 크게 팔을 휘저으며 내게 소리치는 너를 처음 본 순간, 까만 피부와 하얀 이가 참 대조적이라는 생각이 들었다. 원체 남의 부탁을 무시하고 지나갈 위인이 아니라 서

툰 솜씨로 우물쭈물 네가 있는 방향으로 공을 찼다. 이런 나의 어정쩡한 자세와는 다르게 공은 큰 포물선을 그리며 너의 키를 훌쩍 넘어서 그대로 바다에 풍당 빠져버렸다. 아뿔싸. 금방이라도 나올 것 같은 비명소리를 겨우 삼켜냈다. 분명 일부러 그랬을 거라고 생각할 거야. 성격 나쁜 아이로 보겠지. 창피함에 터질 것 같은 얼굴을 추스르지 못한 채 뒤를 돌아 서둘러 자리를 피했다. 멍한 시선으로 날 보던 너의 눈빛이 머릿속에 아른거렸다.

아, 찬이는 이런 나를 보고 첫눈에 반했다고 한다. 대충 찬 것 같으면서도 뛰어난 축구 실력에 반했다나 뭐라나. 천성은 타고난 거라면서 내 머리를 쓰다듬으며 환히 미소 짓던 너의 모습이 여전히 눈앞에 그려지는 것 같았다. 믿거나 말거나 한 이야기지만, 누가 운동광 김찬 아니랄까 봐 그때를 생각하면 아직도 심장이 콩닥거린다면서 어찌나 호들갑을 떨던지. 첫눈에 반한다는 느낌이 이렇게 황홀한 감정이었는지 처음 깨달았다면서 말하는 게 또 한 번 내 심장을 뒤흔들었다.

이때까지만 해도 난 이후에 이 아이와 아무런 접점이 없을 거라고 생각했다. 하지만, 찬이가 매일 입버릇처럼 말했던 운명 같은 만남. 그래, 우린 운명이었나 보다. 그를 피하러 펜션으로 뛰쳐 돌아오기만 했지 바로 옆 펜션이 그들의 숙소라고 상상이나 할 수 있었을까. 조금 전의 난, 얼마나 당황했는지 2시간 동안이나 차가운 욕조에서 몸을 담그고서야 겨우 불그스름한 볼을 식힐 수 있었다. 그러나 이는 전부 무용지물이었다는 걸 알기까지 그리 오랜 시간이 걸리지 않았다. 그들이 바로 옆 테이블에 앉아 씻지도 않았는지 꾀죄죄한 꼴로 저녁 바비큐를 하고 있었으니 말이다. 보자마자 정말 간 떨어지는 줄 알았다.

"어! 아까, 그….."

난 미안함과 부끄러움으로 복잡해진 마음을 정리하지 못한 채 후다 닥 달려서 펜션 안으로 서둘러 들어갔다. 벌써 2번이나 피한 것이었 다. 그런데 이상하게 편의점에 가도, 바닷가로 불꽃놀이를 하러 가도, 거짓말처럼 그와 계속해서 마주쳤다. 찬이는 직감적으로 알아차렸다 고 한다. 첫눈에 반한 것도 모자라 이 아이와 내가 운명이라는 것을. 그때만 해도 오직 운동에만 몰두하던 사춘기 소년, 찬이는 제 나름대 로 큰 결심을 한 뒤 내게로 걸어왔다. 감히 한 걸음도 뗄 수가 없었다. 어두운 밤하늘과 찬이의 까만 피부 때문에 확신이 들진 않았지만, 그 의 빨갛게 데인 듯한 귀가 제법 긴장했다는 것을 티 내고 있었으니까. 머리카락에 섞여 있던 모래와 자갈들이 너의 용기에 맞춰서 빛나는 것 같았다.

"어, 저기, 그러니까….."

"…으, 응?"

"아까 물어보려고 했는데….."

"아까는 미안했어!"

"이름이 뭐야?"

"응?"

"어?"

난 여느 때와 다름없이 눈치가 없었고 찬의 의도를 전혀 파악하지도 못했다. 분명 나한테 사과를 받으러 왔다고 생각했는데, 뜬금없이 이름을 묻다니. 난 놀란 티를 벗어내지 못하고 '백, 백지은이야.'라고 바보같이 말을 더듬었다. 그는 그런 나를 진득하게 봐주며 오동통한 애굣살과 함께 눈이 휘어지도록 웃었다. '난 김 찬.' 낮게 울려 퍼지는 저음의 목소리가 귓가에 오래도록 머물렀다.

　찬이가 축구선수를 꿈꾼다고 했을 때는 그리 놀라지 않았다. 물론 그의 구릿빛 피부가 운동선수와 잘 어울린 탓도 있었지만, 바닷가에서 날 매료시킨 축구 실력이 수긍하게 만들었던 것 같다. 하지만, 국가대표 상비군으로 있다는 너의 말에 먹고 있던 레모네이드를 그대로 뱉어냈다. 콜록 하며 기침하는 나를, 찬이는 안 그래도 큰 눈을 더 크게 뜨며 어쩔 줄 몰라 했다.
　"근데, 이렇게 막, 외출해도 되는 거야? TV에서 볼 때는 안 그랬던 것 같은데."
　"지금은 휴식. 3일 뒤면 들어가 봐야 해."
　"아….."
　"…그러니까, 남은 3일은 나랑 계속 있어 주는 거다? 약속."
　그와의 헤어짐이 이 정도로 빠르게 다가올 줄은 몰랐는데. 아쉽기도 잠시 나의 기분을 알아채듯 내미는 그의 손가락에 신경질적으로 음료를 젓던 손이 부자연스럽게 멈췄다. 그날은 바닷가에서 전화번호를 교환하고 나름 꾸준하게 연락한 후 처음으로 얼굴을 본 날이었다. 데이트라기에는 찬이와 직접적인 감정의 교류가 없었고 친구끼리의 만남이라기에는 걸을 때마다 스쳐오는 그의 굵직한 손가락에 가슴이 미친 듯이 두근거렸다. 그야말로 우리는 애매했고 차마 어떤 한 단어로 정의 내리기 힘들었다. 그래서인지 3일 동안 같이 있어 달라는 찬이의 말은, 망치로 머리를 얻어맞은 듯 정신을 차릴 수가 없었다.

3일이란 짧은 시간 동안 연인들끼리의 특별한 무언 갈 한 것은 아니었다. 때마침 개봉된 액션 영화를 본 뒤 테이저건을 마구 쏘던 주인공의 과장된 연기에 관해 이야기를 나눴고 해산물 알레르기가 있는 우린 초딩 입맛답게 패스트푸드 점을 정복하러 다녔다.-생각보다 취향이나 습관이 똑 닮아 있었다. 우연이라고 하기에는 과하다시피-학생들 연애라고 착각하리만큼 이나 지극히 평범했다. 첫 만남처럼 스쳐 지나가 버릴 것같이 불안했지만, 그와 있는 순간만큼은 안정적이었다 단언할 수 있었다. 그런데도 만나면 만날수록 모호한 우리의 관계는 여전히 버거웠다. '여자가 먼저 고백하면 되지. 요즘 시대가 어느 시대인데?' 라며 조언을 해주던 친구의 말이 때론 나의 용기를 불러일으켰지만, 아무리 곱씹어봐도 내 성격상 불가능이었다. 그 사람이 거절하면? 이후에 난 어떤 반응을 보여야 하는 거지? 그 사람의 다정함이 그저 내가 만들어낸 환상에 불과했다면? 애꿎은 아랫입술을 질끈 깨물었다. 이마저도 '쓱, 흥. 져. 지은아.'라는 부드러운 찬이의 말 한마디에 바로 풀려버렸지만.

"오늘이 마지막이네."

"그러게. 진짜 끝이구나."

"…."

"어? 뭐라고?"

금방이라도 녹아내릴 것처럼 햇살이 뜨거웠지만, 걷고 싶다는 찬이의 말을 거역할 수가 없었다. 걸은 지 5분이 채 지나지 않은 것 같은데 등에는 땀이 비 오듯 쏟아지기 시작했다. 따가운 여름빛에 눈이 찌푸려지기도 잠시 결혼식에 쓰일 법한 클래식한 노래와 함께 어수선해진 분위기가 고개를 반자동적으로 돌아가게 만들었다. 그 덕에 그의 말을 못 들은 건 덤이었다. 팡파르처럼 위에서부터 떨어지는 수십 가지의 풍선들. 계단 너머로 꽃다발과 뭉툭한 반지 케이스를 들고나오는 남자. 분수대 의자에 앉아서 예상치 못했다는 듯 손바닥으로 입을 막고 울음을 가까스로 참아내는 여자. 나에겐 야속한 날씨마저 그들을 축복해주는 것 같았다. 어떤 이는 말한다. 공개 고백은 상대방을 전혀 배려하지 못하는 최악의 방법이라고. 그러나 이 상황에는 해당이 안 되는 듯싶었다. 눈시울이 붉어진 채로 입꼬리가 올라간 것도 모른 채로 웃고 있는 저들이 증명해주고 있지 않은가. 시간이 멈춘 것만 같았다. 지나가던 행인들은 짜고 치기라도 한 듯 발걸음을 멈추고 숨죽인 채로 이 광경을 바라보았다. 나와 찬이, 또한 마찬가지였다. 그 순간, 찬이의 눈빛에는 무언가가 가득 차 보였다.

"우리도 해볼까, 지은아."

"뭘?"

"내 성격이 워낙 이래서, 알잖아. 무슨 말인지."

"…."

"연애해줄래, 나랑."

길게만 느껴지던 정적을 깨고 나온 한 마디에 힘이 풀렸다. 무뚝뚝

하지만 열심히 표현하려고 노력하는, 찬이 다운 담백한 고백이었다. 느릿하게 들어오는 그의 손에 깍지를 꼈다. 닿은 부분이 화상을 입은 것처럼 화끈거렸다. 착각이 아니었구나. 대답을 해야 했지만, 목이 메인 듯 말을 할 수가 없었다. 이 감정이 부끄러운 건지 놀란 건지 고마운 건지 모든 게 처음이라서 갈피를 도통 잡을 수가 없었다. 확실한 건, 찬이와 떨어지기 싫다는 것. 내일이면 못 볼 그가 벌써부터 그리워진다는 것. 이것만은 분명했다. 벙어리가 된 듯 아무 말 없는 나를, 찬이는 가만히 품속에 끌어안았다. 조그만 인형조차 뺏기기 싫어하는 어린아이처럼 꼬옥 말이다.

지금에서야 안 사실이지만, 고백을 받을 때 나의 얼굴이 홍당무였다고 한다. 뭐, 찬이는 복숭아처럼 뺨이 핑크빛으로 물들어서 왕 깨물어버리고 싶었다고 말하긴 했지만, 복숭아나 홍당무나 그게 그거 아니겠는가. 내가 아주 수줍었다는 것, 그것만이 중요한 거지.

"은아!"

"어-, 왔어?"

"자, 여기."

"이게 뭐야?"

기다리라는 전화를 끊고 1분도 안 되어서 달려오는 형체에 반갑게 손을 흔들자 찬이보다도 먼저 한 아름 가득 안겨 오는 선물에 입이 절로 벌어졌다. 매일 자잘한 기프티콘을 보내주는 것만으로도 벅찬데 츄파춥스 한 상자라니. 더군다나 특별한 기념일도 아니었는데. 동그랗게 커진 눈이 작아질 틈도 없이 올려다보자 찬이는 나의 머리칼을 다소 서툴게 쓸어왔다. '귀여워죽겠어, 그냥.'

자유롭지만은 않은 찬이의 일상 속에 나는 항상 저녁쯤에야 스며들수 있었다. 운동이 끝난 뒤 기숙사에 들어가기 전 단 10분의 자유시간밖에 없었음에도, 그는 날 만나는 3년 동안이나 밤하늘에 별이 반짝거릴 때까지 옆에 있었다. 빈틈없이 손을 잡고 근처 산책길을 걸으며 시시콜콜한 이야기를 써나가며 시간을 보내는 게 다였지만, 이마저도 그에게는 소중하다는 것을 알았다. 내 말을 듣는 내내 그의 눈에서는 빛이 흘러나왔으니까. 축구를 할 때만 반짝거릴 줄 알았던 눈은, 어느새 항상 날 향해있었다는 걸 사귀고 나서부터 깨달았던 것 같다. 사실 운동 쉬는 시간에 틈틈이 주는 연락만으로도 나에겐 충분했으나, 찬이는 달랐다. 그는 다른 연인들처럼 100일 기념 여행도 가보고 매일 걷던 길 대신 남산타워 끝까지 걸어 올라가 자물쇠를 채우고 싶어 했다. 서로를 생각하는 마음은 셀 수 없이 닮아 있었지만, 나의 마음을 시도 때도 없이 확인받고 싶어 하는 그와 달래는 일밖에 할 수 없는 내가 매번 부딪히는 건 어찌 보면 당연했다.

"아, 찬아. 괜찮은데⋯."

"그냥 너 생각 많이 나길래. 주고 싶어서 주는 거야."

"나 진짜 괜찮아. 이렇게 굳이 만날 때마다 안 줘도 돼."

"너 미안해하라고 주는 거 아니야. 알잖아."

그는 언젠가부터 나의 말을 차단하는 게 습관이 되어 있었다. 그놈의 '알잖아.', '내가 원래 이래서'. 나의 어투나 행동이 찬이의 기분을

조금이라도 상하게 만들면, 상황을 풀어가는 게 아니라 일단락이 되어
버린다. 가뜩이나 같이 있는 시간도 부족한데 싸우기 싫어한다는 건
그 누구보다 잘 알고 있었다. 나 또한, 그와의 사이가 틀어지는 걸 바
라는 건 아니었으니까. 하지만, 이런 식으로는 아니었다. 찬이가 하는
일이라면 어떤 일이든 응원해줄 수 있었지만, 이건 우리 관계에 있어
서 독이었다. '지은, 너 약간 피곤한 스타일이네. 남자친군데 좀 받아
먹으면 어떠냐.' 찬이의 축구 동기들에게 말해도 소용이 없었다. 돌아
오는 건 날 이해할 수 없다는 질색 어린 말밖에 없었으니까. 모두 자격
지심 가득한 나에게 찬이가 과분하다고 말한다. 연인 사이에 갑과 을
이 어디 있고 누가 아깝다 이런 게 어디 있겠느냐마는 나는 이런 나 자
신을 이도 저도 못 한 채로 천천히 갉아먹고 있었다. 몸이 무겁게 가라
앉는 것 같다.

　숨을 조여오던 여름날이 지나고 시린 바람이 불어오는 계절, 드디
어 2022년 카타르 월드컵이 열렸다. 본선에 떨어졌지만, 천하무적 독
일을 이겼던 그 이후의 월드컵인 만큼 사람들의 기대가 차오르는 건
당연지사였다. 예선 준비로 바빴던 찬이를 못 보는 것 또한 감수해야
했고. 몸은 떨어져 있었지만, 스마트폰과는 한시도 떨어질 날이 없었
다. 지금까지도 계속 울리는 스마트폰 진동음이 증명해주고 있었다.

　"어, 찬아."

　"여보세요?"

　"응. 왜?"

"뭐 하고 있어? TV 보고 있는 거 맞지?"

"당연하지. 아빠 때문에 아까부터 켜놨었어."

"나 곧 있으면 선발대로 나와. 꼭 봐줘야 해!"

다섯 살배기 아이처럼 들떠있는 그의 목소리에 밥 먹던 젓가락질도 마다하고 저절로 입가에 미소가 지어졌다. 긴장하지 말고 즐기고 오라는 나의 얼토당토않은 격려에 찬이는 호탕하게 웃다가 '오빠 빨리 다녀올게. 보고 있어.'라며 이내 전화를 끊었다.

"어머, 찬이야? 뭐라고 그러니?"

"누나. 찬이 형 언제 나온대?"

"큼큼. 밥 먹어라. 들."

찬이를 금쪽같이 여기는 우리 가족의 질문 세례는 아직도 귀가 따가울 정도다. 사귈 때부터 어찌나 찬이에 대해서 궁금해하던지. 축구선수라는 파급력이 어마어마하긴 한가 보다. 내 팔을 흔들며 보채는 동생 머리에 딱밤 한대를 놔주니 큰 함성소리와 함께 개막식이 시작되었다. TV 너머로 보는 그는, 색달랐다. 다소 경직되어 있는 찬이가 대견스러우면서도 벌써부터 얼마나 중압감에 시달리고 있을지를 생각하면 또 그렇게 안쓰럽지 않을 수가 있을까. 하지만, 긴장한 건 그뿐만이 아니었는지 흥분된 채로 공격적인 플레이를 펼치는 한국 팀의 감정이 여기까지 전해져 오는 것 같아 숨을 죽일 수밖에 없었다.

"후반 15분을 달리고 있는 지금, 1:1로 포르투갈과 동점인 상황입니다. 지금이야말로 확실한 한 방이 필요할 때죠, 어, 어, 김 찬 선수, 패스를 받고, 선수 3명을 제쳤습니다! 그렇죠, 그대로 왼발로! 슛, 골,

골, 골입니다 !!!!"

찬이가 상대 선수의 공을 뺏은 순간부터 우리 가족의 숟가락질이 멈췄다. 앵커의 진행에 가만히 화면만 응시하고 있기도 잠시 정말 돌풍처럼 뚫고 들어가 슛을 넣고 세레머니를 하는 찬이가 카메라에 비쳤다. 입 모양으로 '지은아, 사랑해.'를 연신 외치는 그에 빨갛게 달아오르는 것과 동시에 귀에 이명 소리가 들려왔다. 내 남자친구가 국가대표로 이름을 떨치는 순간이었다.

이후로 월드컵의 결정타를 넣었던, 찬이는 여러 곳에서 러브 콜이 쇄도할 정도로 바빴다. 외국 구단부터 시작해서 국내 CF 섭외까지. 국가대표를 꿈꾸던, 어렸던 그의 모습은 더 이상 찾아볼 수 없었다. 그럼에도 찬이는 여전했다. 나와의 관계에 있어서 매번 최선을 다했고 서운함이란 감정을 느낄 새도 없이 시간이 흘러만 갔다. 인터뷰 때문에 늦는다며 잠시만 기다려줄 수 있냐는 그의 문자에 예전에 걸었었던 산책길을 오랜만에 나 홀로 걸었다. 여전했다. 우리가 보냈던 추억들 모두. 한 번은 드라마에서 본 타임캡슐이 너무 하고 싶었던 나머지 길에 있는 아무 상자를 구해다가 물건을 넣고 나무 밑에 묻어놓았었는데. 그게 이쯤이었나. 나무 밑을 툭툭 건드려보니 흙과 함께 뒤덮여 있는 상자의 꼬투리가 빼꼼 머리를 내밀었다. 허리 앓는 소리를 내며 꺼내 보니 웃음만 나왔다. 찬이가 야외에서 훈련할 때면 종종 몰래 찍었던 인화 사진, 서로 10분밖에 못 보고 가는 날이면 주고받았던 쪽지들, 그날 손에 있었던 초콜릿. 콧잔등에 살갑게 내려앉는 눈보라 때문인 건지 괜히 코가 시큰거렸다. 우린 이렇게나 그대로인데 난 뭐가 불안한가 싶었다.

"…지은아, 나 축구 그만할까."

"뭐? 갑자기 그게 무슨 소리야?"

"…그냥. 지치네, 요즘 좀."

제법 소복하게 쌓여가는 눈덩이들 사이로 쓸쓸하게 들려오는 찬이의 발걸음에 저절로 고개가 돌아갔다. 세차게 흔드는 손과는 반대로 삐딱하게 올라간 입꼬리가 평소와는 명백하게 달랐다. 무슨 일이 있는 거냐고 물어보고 싶은 마음이 굴뚝 같았지만, 찬이의 어두운 낯빛을 보고 있자니 하려던 말도 목에 걸려 토해낼 수 없었다. 여태껏 그래왔듯이 그가 먼저 말을 꺼내주길 기다리는 것이 나의 최선이었다. 정적이 셀 수 없이 흘러갔다. 가만히 손만 붙잡은 찬이는 입을 달싹거리기만 할 뿐 그저 내 손바닥에 동그라미를 그리며 시답잖은 손장난만 쳤다. 보다 못한 내가 그의 머리를 품속에 넣고 등을 약하게 두드려주자 끝내 말을 잇는 찬이였다. 그런데 축구를 그만두겠다니. 청천벽력 같은 소리에 입을 열 수가 없었다. 그러라고 하자니 책임감이 가득한 그에게 아무것도 모르는 나의 철없는 답변인 것 같고 그러지 말자고 하자니 고민으로 미간이 잔뜩 좁혀진 그의 어깨가 눈에 띄게 가라앉아있었다. '찬아.' 나의 부름에 눈물로 젖어진 눈이 날 향했다.

"…나는 네가 뭘 하든, 응원해."

"….'

"설령 네가, 축구를 하지 않더라도, 너의 옆에 있을 거야. 걱정하지 마."

크게만 느껴졌었던 찬이의 몸이 왜 이렇게 그날따라 안쓰러웠는지. 얕게 들썩이는 등을 가만히 감싸 안았다. 흩뿌리면서 내려오는 눈보라들을 대신 맞아줄 만큼 가득. 그에게, 내가 우산처럼 전부 막아흘려줄 수 있는 존재가 되었다면 좋겠다고 생각했다. 이렇게 해서라도 그가 축구를 생각하며 다시 순수한 꿈과 해맑은 웃음을 지을 수 있다면, 그거야말로 충분했다.

"헐, 야. 방금 김 찬 선수 기사 뜬 거 봤냐?"

"왜? 왜, 뭔데."

"인터뷰 다 개판으로 했다던데? 지 여친 있다고."

찬이의 인터뷰 방송 날이었다. 교수님의 기침 소리만이 나지막하게 들려오는 강의실은 거슬리게 속닥거리는 음성들로 가득 찼다. 그들에게 거론되는 익숙한 이름에 미간이 절로 찌푸려졌다. 큰 건을 잡았다는 반짝거리는 가식적인 눈빛들과 험한 말이 오가는 입 모양은 안 좋은 이야기를 하고 있는 것이 분명했다. 식은땀으로 젖은 앞머리를 옆으로 넘겨버리고 연속으로 울리는 스마트폰을 천천히 들었다. 여러 번 패턴을 틀리고서야 연 그곳엔 '괜찮냐?'는 연락이 난무하고 있었다. 친구가 보낸 카톡을 떨리는 손으로 클릭하자 다소 격양되어 욕설을 참는 찬이의 모습을 악의적으로 짜집기한 영상과 편집이 되어 있지 않은 원본 영상이 와있었다.

긴장으로 굳어진 찬이의 얼굴은 낯설었다. 항상 자신감으로 차 있던 그였는데. 그러나 다행히도 인터뷰를 하면 할수록 본래의 찬이처

럼 옅은 미소들이 보이기 시작했다. 인터뷰는 수월하게 흘러갔다. 축
구를 시작하게 된 계기부터 시작해서 월드컵에서 첫 골을 넣은 소감이
어땠냐는 형식적인 질문들. 분명 안도감이 들어야 하는데 거북하게 울
렁거리는 이 느낌은 무엇일까. '골을 넣자마자 여자친구를 위한 세레
머니를 했던데, 여자친구는 어떤 분이시죠? 여자친구가 훈련에 방해
가 되지 않던가요? 여자친구…' 멈칫했다. 여자친구 질문 관련하여 노
골적으로 파고드는 기자의 연이은 질문들에 그의 표정이 눈에 띄게 굳
어가기 시작했다. 심장이 가쁘게 뛰기 시작했다. 금방이라도 터져버
릴 시한폭탄처럼 질문들의 수위는 아슬아슬하게 흘러갔다. 참다못한
찬이는 '인터뷰 그만하겠습니다.'라며 등을 보인 뒤 나가려 했지만, 어
린 친구들이 연애하면 잘되는 꼴을 못 봤다며 혀를 차는 기자에 이내
작게 욕을 읊조렸다. 손이 떨려왔다. 이 장면만 보는 사람들에게 고의
적인 이 영상이 얼마나 파급적일지 상상할 수도 없었다. 눈을 질끈 감
자 들려오는 소리에 귀를 막았다. 당사자보다 왜 내가 더 힘든 것일까.
그의 아픔이 곧 나의 아픔이었기 때문에? 딱 한 가지의 생각만 스쳐
지나갔다. 그에겐 내가 약점이겠구나.

　모르는 번호로 연락이 왔다. 스팸 전화겠거니 그냥 넘길 수도 있었
지만 팔부터 저려오는 싸함에 께름칙한 기분을 떨쳐내지 못하고 전화
를 받았다. '백지은 휴대폰 맞나요?' 생각보다 앳되어 보이는 소리에
목을 가다듬고 대화를 나눴다. 그는 자신을 찬이의 감독이라고 소개했
고 만나서 할 이야기가 있다며 통화를 마무리 지었다. 공기가 머리부

터 발끝까지 무겁게 짓누르는 것 같았다. 예감이 썩 좋진 않았지만, 그를 봐야겠다는 확신이 섰고 찬이와 매일 걷던 산책길로 발걸음을 재촉했다. 어느새 쌓인 눈이 발자국과 타이어 자국이 뒤엉켜 검은 눈물로 울고 있는 듯했다. 이를 운동화 앞 코로 문지르기도 잠시 내 이름이 들려오는 소리에 고개를 돌렸다. 찬이의 사진첩에서 봤었던, 감독님이었다.

"무슨 상황인지는 다 알 거라고 생각한다."

"…네."

"시간 부족한 사람들끼리 긴 말은 안 하마. 찬이에게 독이다. 너란 존재가."

외국 구단에서 찬이를 데려가려 여러 번 시도했지만, 프로 지원에 생활비까지 모두 지원해준다는 걸 마다하고 그는 완곡하게 거절했다고 한다. 이유는 오로지 나 때문이란다. 나랑 떨어지는 게 죽기보다 싫었으니까. 거기까지 다 봐준다고 하더라도 이번 인터뷰 일은 감독으로써 마냥 넘어갈 수만은 없다며 나에게 이해를 권했고 원망스럽게만 느껴지는 이 말이 앞으로의 내 갈피를 결정해줬다고 한다면 너무 모순적일까. 서로 마음이 식어서가 아니라 그저 상황이 만드는 헤어짐은 더욱 아픈 것 같다. 어쩌면 이미 알고 있는 사실 아니었을까. 우리의 만남은 운명이 아니라 비현실적이었으며 연애가 아니라 잠깐의 꿈 같은 거라고. 나와 감독님이 만났다는 소식을 어찌 들었는지 저 멀리서 뛰어오는 그가 왜 더 아프게만 느껴질까. 흐르는 눈물을 겨우 삼켜냈다. 말을 하면 코맹맹이 소리가 나와 그가 바로 알아차릴 것이 뻔하지만,

내가 할 수 있는 최선이었다. '은아, 왜 울어? 어? 인터뷰 때문이야?' 평소처럼 제 몸짓보다 큰 상자 더미를 들고 오던 찬이는 눈물 적신 내 얼굴을 보더니 사색이 되어 짐이 떨어지는지도 모른 채 달려왔다. 그의 굵직하고 긴 손이 나의 얼굴을 붙잡았다. 오랜만에 보는 너의 얼굴은 왜 또 이렇게 다정한 것이고 너의 손은 이렇게나 따뜻한 건지. 이래서야 내가 이별을 먼저 고할 수 있겠냐고. 내가 감히 너에게. 할 수나 있겠냐고, 찬아.

"…나 괜찮으니까 찬아, 외국 구단으로 가."

"…뭐?"

"나 진짜 괜찮아. 그러니까…."

"인터뷰 때문인 거야? 갑자기 왜 그러는 건대? 어? 나 정말 싫어, 은아."

"…제발, 찬아."

"내가 가면, 그럼 너는? 몇 주, 몇 달, 아니 어쩌면 몇 년 동안 못 볼 수도 있는 거야. 적어도 난, 바라지도 않는 성공 쫓으려고 너 두고 안 가."

결국 울음을 토해내는 건 내 쪽이었다. 더욱더 거세게 말을 해야 했지만, 그가 아파하는 모습을 보기 힘들었다. 날 안으려는 손길을 겨우 막아냈다. 그를 단호하게 밀쳐내는 것, 무슨 일이 있어도 내가 해야만 하는 일이었다. 찬이의 손이 허공에서 멈췄다. 안쓰럽게 축 늘어진 눈 꼬리가 머릿속에서 떠나질 않았지만, 눈을 질끈 감아냈다. '옆에 있어 줄 거라며….' 아, 끝까지 넌 나에게 불가항력이구나. 흔들리는 마음이 내 겉모습으로도 훤히 드러난 것인지 찬이는 거절당했던 손을 변함없이 잡으려 애썼고 나는 천천히 뒷걸음질 쳤다.

"축구 그만둘게, 지은아."

"…."

"내가 너를 위해서 축구 하나 포기 못 할 거 같아? 제발, 응?"

애처로운 그를 보고 있는 건 나에게도 고문이었다. 이젠 정말로 해야 했다. 그에게 상처를 줘서라도 밀어내야만 했다.

"남들처럼 평범하길 바랐던 건 아니야. 널 만나기만 하면 행복할 줄 알았는데."

"…지은아."

"이제는 내가 너무 힘들어."

"…."

"여기서 끝낼까. 이제."

거짓말이었다. 평범하지 않은 만남이라서 색달랐고 때론 평범한 데이트를 해서 좋았다. 행복했다. 이래도 되나 싶을 정도로, 혹여 이 시간들이 무의미하게 사라질까 복에 겨울 정도로 행복했다. 그것 하나만은 자신 있게 말할 수 있었다. 그저 겁이 났을 뿐이었다. 나라는 존재가, 정말 너의 앞길을 방해할까 봐. 실제로도 나로 인한 논란들이 인터넷에 수십 가지로 떠돌고 있었고 그 루머들을 다 덮기 위해서는 내가 없는 편이 마무리하는 데 더욱 편하다는 걸 알았기에 널 떠나보내려 하는 것이었다. 오로지 널 위해서였다. 올곧게 지금, 이 순간까지도 매 순간 진심으로 다가오는 너에게 이런 거짓말을 하는 건, 사랑해 마지 않는 널 위해서였다.

　5년이라는 시간이 흘렀다. 나의 어렸던 연애는 17살을 시작으로 20살 겨울에 끝을 맺었고 어느새 난 졸업을 한 뒤 취업을 바라보는 나이였다. 그 아이와 비교는 할 수 없겠지만, 내 나름대로 눈코 뜰 새 없이 바빴음을 자신했다. 이젠 모든 매체에 떠오르는 너의 얼굴이 익숙해진다. 헤어진 이후로 넌 도망치듯 해외로 떠났고 난 악착같이 널 보지 않으려 스마트폰부터 버린 것 같다. 친구들은 90년대 사냐면서 나의 2G폰을 놀리기만 했고 난 씁쓸한 미소만 지었을 뿐이었지. 그러다 서점에서 우연히 본 너의 잡지를 붙잡고 내가 얼마나 울었는지 넌 상상할 수도 없었을 거다. 짧다면 짧고, 길다면 긴 5년이란 시간. 난 여전히 널 잊지 못한 채 지낸다는 걸. 지금 너와 만났더라면 아마 다른 열매의 결실을 맺지 않았을까. 어렴풋이 알았으면 좋겠다. 너의 뒤에 내가 여전히 자리하고 있음을. 응원하고 있는 나의 마음이 앞으로 몇 년이 흘러도 변함이 없으리라는 것을.

글쓰기가 귀신 솜씨

송은아(宋恩我)

송은아(宋恩我)　　　<쏟아지는 뙤약볕에 시간을 말리고> 첫 시집을 출간 후, 다독가
　　　　　　　　　　　로 많은 책을 읽으면서 성가신 이야기는 바로, 할 말이 많은 고민
　　　　　　　　　　　거리라고 말하고 싶다. 할 말이 많아지면 말을 아끼고, 침묵이 강
　　　　　　　　　　　한 장점이 될 때도 있다. 그게 때론 '지옥이 아닐까?' 라는 '귀신
　　　　　　　　　　　씻나락 까먹는 소리'라고 한다. '귀신도 고민이 많고, 할 말이 많
　　　　　　　　　　　지 않을까?' 생각이 드는 소설이다.

  눅눅한 여름인 걸로 나는 기억한다. 갑자기 찾아온 손님이 있긴 하
나보다. 소설이나 영화에서 나올듯한 이야기가 바로 나에게 찾아왔
다. 내가 깨어났을 때는 다들 할 말이 많은 얼굴로 하고 있었지만 다들
나를 바라보기만 했다. 나는 왜 나를 멍하니 바라만 보냐고 내 얼굴에
뭐라도 묻었나 하고 거울을 보자 어디에도 내 흔적이 나타나지 않았
다. '맞다. 나는 죽은 것이었다.' 영혼이 없는 귀신이 되어 버린 나. 받
아들이기 힘들다. 나 또한 조문객을 멍하니 할 말이 많았지만 바라보
는 것 밖에는 아무것도 없었다. 아니, 이젠 바라보는 것조차 힘들 때쯤
누군가 말을 걸어왔다, 어제 죽은 귀신이다. "자네는 언제 죽었어?" 나
에게 물었다. "저는 언제 죽었는지 기억이 안 나요. 근데 여름 같았는
데" 나는 대답을 했다. 그 귀신은 "너무 많이 시간을 잡아먹었어, 가족
들이 고생했을 거야..."라는 알 수 없는 말과 얼굴로 나를 뻔히 보고는
사라졌다. 얼마나 버텼을까? 나는 이렇게 살다 죽을 거 왜 태어났나,
살아 있었을 때 나는 어떤 사람이었을까? 어디서 살았고, 무슨 일을
하고, 심지어.. 내 나이도 이름도 성별도 궁금하다. 지쳐 이승에서 마

지막 순간에 나는 사라져 버렸다. 거품처럼 죽음 앞에서 난 무릎을 꿇었다.

내가 다시 눈을 떴을 때는 며칠 전에 만난 그 귀신이 보였다. "이봐, 정신 차려야지 갈 길이 멀어.." 영문도 모르고 귀신이랑 암흑에서 길을 찾아야 했다. '아차, 나도 귀신이지.' 딱 한 번 만난 사이 그것도 장례식장에서 귀신이랑 친구가 되다니, 놀라웠다. '이승에서 뭔 인연이었을까?' 궁금했다. 깜깜하고, 습하고, 가는 길마다 갈림길이고, 으스스 한 길에만 자꾸 가게 되고, 아까 그 길 같기도 하고 아닌 거 같기도 하고 막막하기 일보 직전에 "너는 지옥에 가고 싶어? 천국에 가고 싶어?" 귀신 씻나락 까먹는 소리를 했다. "나는 이런 길 말고, 천국 가고 싶어." 대답했다. 그러자 "으흠.. 이런 길은 천국가는 길이 아니란 말이야?" 다시 질문을 했다. "아니, 이런 길이 어떻게 천국 가는 길이야?" 나는 묻는 말에 대답했다. "이런 길도 천국 가는 길이 될 수 있지!" 작은 희망이라도 가져보라고 호탕을 치듯이 말을 말했다. '이 무서운 길이 어떻게 천국이라는 거야!' 100분 토론이라도 하고 싶은 내 심정을 잃기라도 한 걸까? 나를 갈림길에서 혼자 두고 사라져 버렸다. 순간 나는 무서워 벌벌 떨기 시작했다. 막상 이승에서는 사람들이 나를 가장 무서워할 텐데 내가 저승에서 무서워하고 있다니, 생각이 스쳐 지나갔다. 혼자인 나는 계속해서 길을 가야만 했다. 사람 같은 내 모습을 뒤로하고, 그냥 무작정 걸었다. 갈림 길에서 또다시 '어디 길로 갈까?' 고민된다. 친구가 나타났다. "뭘, 고민해 어차피 넌 죽었어. 아무 길이나 가." 그 말을 남기고는 친구는 묵묵히 나를 따라왔다. '한참을 걸었나 보다.' 다리가 부어 있을 때 친구가 말했다. "너 나랑 비밀 일기장 읽을래?"라고 말했다. "비밀 잡지가 아니고?" 의심스러워 다시 물었다. "응, 비밀 일기장 내가 그래도 먼저 온 선배 데 이런 거 하나쯤 주었지." 친구가 당차게 말했다. "아, 어디서 주었는데?" 나는 궁금한 얼굴로 친구에게 질문했다. "음.. 알려주면 재미없지! 근데 난 다 읽었어, 좀 읽기 힘들 거야, 내가 보다가 떨어트려서 날짜가 뒤죽박죽이거든,, 그래도 읽는데 문제는 없으니 너도 읽어봐 봐," 꼭 선생님처럼 말했다. 나는 이 어두운 길에서 할 것도 없고, 다리는 아프고, 속는 셈 치고 읽으라는 곳까지 읽기 시작했다.

첫 일기장 내용은 이랬다.

나는 오늘 학교를 입학했다. 오늘부터 선생님이 매일매일 일기장을 써오고, 참 잘했어요! 도장을 받으라고 했다. 나는 집으로 돌아와, 강아지랑 놀았다. 그리고 혼자 내내 집에 있었다. 내일 또 나는 학교를 가야 한다. 학교 가기 싫은 날씨다. **(2006년 입학식 날에 씀)**

화난다. 난 오늘 휴가다. 나랑 놀아주는 사람이 한 명도 없다. 날 찾아 줄 사람도 없고, 연락도 없는 이 휴대폰이 불쌍하다. 내가 아무리 노력을 해도 사람들은 나를 싫어한다. 사람들이 미워! 나는 늘 혼자야. 때론 혼자 울고! 미친 사람처럼 웃기도 해! 나는 아무것도 없어. 가진 것도 없는데, 받은 거라곤 그저 오늘 이 휴가야. 죽고 싶다고! 나를 사랑해 줄 사람도 없고, 나랑 놀아줄 사람도 아무도 그냥 다 싫어! 나랑 놀아달라고 나랑 같이 좀 있어달라고! '나도..' 말하고 싶지만, 너무 슬프게 나는 아웃사이더다. **(2018년 여름휴가 때 씀)**

순간 이 일기를 읽고 있는 내가 다 눈물이 났다. '세상에 이런 일이!' 정말 벚꽃엔딩을 기대한 거는 아니었지만, 여름에 도대체 이 일기 주인공은 죽고 싶어서 안달이 났는지 알 거 같았다. 봄에 피는 꽃이 있으면 외롭게 지는 여름 꽃도 있기 마련. 외롭게 시들고, 말라서 비틀어 버린 살기스러운 무더위 기운이 느껴졌다. 봄이 지나가는 게 마냥 좋은 건 아니었던 것이다. 누군가에게는 여름휴가가 두려운 날일 수도 있을 것이다. 같이 갈 사람이 없다는 거. 즉, 함께할 누군가가 없다는 여름휴가가 휴가가 아닌 게 되어 버린, 더 악몽과 같은 외로운 여름이 찾아온 거 같았다. 살인 더위가 왜 있을까. 그것보다 더 살인적인 건 아마 외로움 아니었을까? 이 일기장 주인공의 심리를 이해가 된다. 꼭 내가 이 저승길에서 외롭게 길을 헤맬 때, 늘 말하는 두려움과 같은 거 같았다. 어디 가야긴 하는데 어디를 가기에는 너무 살인적으로 외롭고, 쉬기는 쉬어야 하는데 일만 했으니 어떻게 쉬어야 할지 몰라 답답함이 더위와 함께 찾아온 것이다. 외로움과 여름은 사투를 벌여야 한다. 나는 이 일기장 주인공을 응원하고 싶어졌다. 외로워하지 말고, 밖으로 나가라고, 그리고 열심히 돌아다니라고, 혼자여도 괜찮다고, 어차피 한 번뿐인 인생 열심히 즐기라고, 사랑해 줄 사람이 없으면 찾아다니지 말고, 나 자신을 사랑하고 아껴주라고 말하고 싶다. 사랑을 받는 것보다 사랑을 주는 법도 배워야 하지만 때론 나 자신을 사랑할 줄도 알아야 한다고 나는 말해주고 싶다. 나를 위해 살고, 나를 위해 맛있는 걸 먹고, 나를 위해 단정하게 다니면서 나를 위해 새로운 걸 배우게 되면 취미가 새로운 인연을 만들어 줄 거라고 말이다. 그러다 만남도 있음 이별이 오기 마련이니 너무 슬퍼하지도 말고, 다시 밖으로 나가 돌아다니고 새로운 곳에서 다시 시작하면 새로운 사랑이 찾아온다고 이 일기장 주인공에게 말해 주고 싶다. 나처럼 저승길에서 후회하지 말고,, 여름이 곧 좋아질 것이라고 내년 여름에는 더 행복할 거라고, 나에게 여름도 사라져 버렸다는 사실이 나를 건드렸다. 툭툭,, 울고 싶었다. 친구가 있든 말든 울고 싶었지만, 나는 이 일기장 주인공이 너무 불쌍해서 가슴이 아프기 시작했다. '그래.. 그래도 난 이 일기장 주인공처럼은 저승길에서 혼자는 아니니깐 위로를 삼아야 되나?' 안도감으로 다음 장을 넘겼다.

나는 오늘 학교를 안 갔다. 좋았다. 그렇다고 결석한 거는 아니다. 오늘은 어린이날이다. 신났지만 차라리 학교 가버 리는 게 오히려 행복했을 거라는 알 수 없는 표정으로 학교 갈 준비물을 살폈다. **(2008년 여름에 씀)**

오늘은 너무 기쁜 날이다. 내 생일 정말로 좋은 날이다. 행복하다. 축하 받고 싶어서 나는 영어 번역기에다가 썼다. '생일 축하해' 그럼 번역기가 말해 줄 것이다. "해피버스데이" 선물도 없이 딱딱한 원어민 발음으로 들려왔다. 어처구니없다는 듯이 난 번역기에게 고마웠다.

난 그저 그 말에 기뻐했다. 생일이라고 말하지도 못하고 이걸로 만족했다. 생일 선물은 뭐, 내년에 주겠지 하고 아무 일 아닌 날처럼 오늘 나는 피곤해서 잠이 들었다. **(2010년 생일날에 씀)**

　귀신인 나는 생일날에 뭐 했는지도, 생일이 언제인지도 모르는데 이승에 사는 이 일기장 주인공은 생일날이 참, 내 처지와 같다. 생일날 이게 뭔지, 하는 그 기분, 죽어서도 뭔 짓거리를 하는지, 산 사람 일기장을 훔쳐보기나 하고 그 말이다. 잘하는 짓 인지는 모르겠다는 표정으로 나는 정의를 내려 봤다. 철학자처럼 말이다. 생일날에는 꼭 미역국을 먹고, 생일 축하합니다. 하면서 케익과 선물을 받는 게 정상인가? 이래야 생일을 잘 보냈다. 라고 말할 수 있을까? 생일날에는 그냥 나를 낳아준 부모님께 "감사합니다." 라고 효도를 해야 하는 거 아닌가? 말이야, 돈이 드는 거 아니니깐, 부모님과 생일날에는 외식을 하고, 나를 낳기까지의 어머니의 마음, 출산의 고통 그리고, 나를 키우기까지의 아버지의 희생이 분명 있었을 것이다. 생일날에는 분명 누군가의 고통과 희생이 따르지 않았을까? 그게 왜? 축하해야 할 만한 날인지 모르겠다. 그렇다고 뭐, 내가 꼭 이래야 한다는 말은 아니다. 아무도 생일날에는 이렇게 해야 돼. 라고 정의도 내리지도 않았는데, 이승에 사는 사람들은 생일날에 축하받고 싶어 하고, 누군가가 선물 하나쯤은 챙겨주길 바라는 걸까 나는 궁금하다. 하지만 너무 금방 답을 찾을 수 있다. 바로 사람은 사회적 동물이다. 즉, 적응의 동물, 주입식 교육이지. 생일날에는 오전 12시 땡! 파티를 하고, 내가 사랑하는 사람들과 함께 즐거운 시간을 보내는 거라고 정의를 내렸던 것이다. 그게 일반적인 생일날의 그림이니깐, 정상적인 삶에서 보통 사람들이나 가능한 거지 너무 이기적인 생각이다. 나는 이 일기장 주인공이 생일 축하해. 그 흔한 말이 뭐라고, 듣고 싶어서 영어로라도 들으려고 했던 이 일기장 주인공이 불쌍하다. 영어로 보내고, 한국말로 해석해서 들으면 더 가슴이 아프니깐, '후-' 긴 한숨이 나온다. 내가 다 생일 축하 노래를 가서 실컷 불러 주고 싶지만, 나는 못 한다. 귀신이기 때문이다. 귀신은 이승에서 못 하는 한 가지가 있다면 너무 말을 길게 못 하는 거 같았다. 드라마 영화 보면 왜, 귀신은 오래 말 안 하고, 울다가 가버리고, 아니면 짧은 메시지만 남기고 살아져 버리니깐... 나도 아마 언제가는 이승으로 가서 귀신다운 귀신이 되어 그러고 있겠지, 쟤 친구처럼,, 자기가 먼저 왔다고 하니, 그래 선배 같지도 않은 친구처럼 말이다. 나는 이렇게 진지하게 읽고 있는데, 친구 녀석은 잠을 자네 '확!-' 발로 차버리고 싶지만, 나는 후배 귀신이니, 내가 이번만 참는다. 생일 생일 너무 거리는 것도 여러 사람 피 말리게 하는 건데 이 주인공은 생일 생일 노래를 부르는 조용한 혁명가 같네, 여러 사람에게 '아, 오늘 생일이었어, 말하지' 그런 알아주지 못해 미안한 마음과 '아차차' 싶은 생각을 주지 않았으니 아주, 조용한 혁명 같다. 나도 생일날에는 앞으로 이래야겠다. '아.. 맞다. 나는 귀신이지!' 마음을 다시 잡고, 다음 장을 계속 읽어 간다.

나는 오늘 숙제를 했다. 한자 쓰기 숙제다. 숙제 지옥이다. 숙제를 안 해오면 참 잘했어요! 도장을 안 찍어 준다고 했다. 너무 가혹하다. 나는 공부를 하기 위해 한자 쓰기를 하는 게 아니다. 선생님이 밉다. 나는 집에서 강아지랑 놀지도 못하고, 내 인생이 불쌍하다. 내일 또 학교 갈 생각에 울음을 터뜨렸다. 딱 학교 가기 싫은 표정으로 말이다. **(2007년 쯤)**

　오늘은 시험을 망친 거 같았다. 아니, 망 친 게 분명하다. 큰일이다. 친구들은 시험과 끝난 동시에 교무실에서 답안 지을 가지고 와, 채점과 환호성을 외쳤는데, 나만 외치지 못했다. 공부한 만큼. 노력한 만큼, 나는 좋은 성적을 거두지 못한 게 분명해서 시험지 앞장에다 난 점수를 적지 못했다. 적었다간, 부모님이라도 보면 난 그날로 집안에서 쫓겨난다. 비싼 밥 먹고, 성적이 이게 모냐고.. 말이다. 그나저나 내년에 대학을 들어가야 하는데 정말 큰일이다. 한숨부터 나온다. 어떻게 하지, 대학에 가지 못하면, 수시로 합격을 하지 못하면, 수능 진짜 어려운데 아, 난 망했어! 내 인생은 끝났다고! 친구들은 다 대학 가겠지? 나만 대학을 못 가면 어떻게... 막 노동해야 하는 거 아니야? 아, 정말 나는 이대로 연애도 하지도 못하고 죽어야 하는 거야.. 대학물도 먹어 보고 그래야 하는데... 술도 마셔보고, 클럽도 다니면서 춤도 추고, 여행도 다니면서 외박도 해야 그런 대학생스러운 삶도 즐기는 건데, 대학교 가면 정말 행복 할 텐데, 저런 지긋지긋한 교복도 더 이상 입지도 않아도 되고, 무거운 이 신발주머니도 안 들고 다녀도 되고, 구두도 신고, 대학생스러운 옷도 입을 수 있는데 말이야, 대학생이면 내가 정말 좋겠다. 다 컸으니깐, 더 이상 부모님의 보호가 없어도 되니깐, 나 혼자서도 잘 먹고 잘 살지 않을까? 아.. 대학생이여 나에게도 그런 꿈을 주소서... 대학생을 꿈꾸고 싶다. 꿈꾸는 청춘이 아름답다, 아니.. 수능을 걱정하는 나 자신이,, 아름답지 않다. 아, 진짜! 내년에 어떻게 하냐고! 아 진짜, 선생님들이 나온다는 문제는 진짜 하나도 안 나왔다고! 도대체 학교에서 알려준 게 모냐고! 학원이라도 다닐걸 그랬어, 아.. 나는 앞으로 어떻게! 어쩜 좋아... 나는 망했어, 아니야 그래도 할 수 있어.. 아니야 아니란 말이야 나는 망했어, 완전 막다른 곳이야! 망했다고, 진짜 나는 실패한 인생이야. 나는 실패했어... 나는 루저야. 나는 망했다고! 나는 실패한 인생이야! 큰일이다.. 내년에는 주민등록증도 나오는데 나는 이대로 졸업하면 재수생 해야 하는 거 아니야? 내 인생이 너무 걱정되네, 평소에 공부 좀 할걸, 미치겠다. 후... 내가 죄인이지. 내 탓이지 내 잘못이야. 공부가 뭐라고 그거 앉아서 하면 되는 거. 그거 그냥 앉아서 외우고, 풀고 하기만 되는 걸 그게 뭐라고 안 했는지 진짜 미쳐 버리겠다. 모 대단한 거 한다고 그렇게 핸드폰을 봤지? 쟤들이 뭐라고 저딴 굿즈나 모았는지, 내가 답답하다. 저 굿즈 당장 갖다 버려버릴 거야! 나 대학 못 가면 너! 버린다고! 더 이상 팬 안 해! 너 때문에 내가 대학을 가지 못했잖아! 그러니깐.. 하느님 부처님... 아무개 신이 나 내 소원 좀 들어 주세요. 대학을 가고 싶어요. 대학은 꼭 가야 하는데, 대학원은 안 가도 돼요, 그러니 대학 가서 연애라도 해보게, 아니니 연애 안 해도 되니깐 대학만이라도 가게 해주세요. 안 그러면 나는 앞으로 뭐 해 먹고 살아야 하는지. 막막하다. 나 전교 꼴찌... 하는 거 아니야? 진짜 꼴찌보다 더 쪽팔린 건 다 맞힌 문제를 나만 틀린 거 있음 진짜 바보 소리 듣는데, 미치겠다. OMR 얼른 받아 확인하고, 싶다. 내 성적표는 등수가 왠지 꼴찌인 기분을 감추지 못하고, 어릴 때 천장에 붙여둔 야광 별 보면서 '별 하나 별 둘...' 새며 **(2014년 시험 본 날 씀)**

야호! 드디어, 나에게도 사랑하는 사람이 생겼다고, 이게 바로 첫사랑인가. 두둥-! 나에게 첫사랑이 뭔가 말을 하지 않았는데, 끌림이라는 게 있구나, 역시! 나야, 내가 잘난 탓 이가. 내일 나는 고백을 할 거다. 내 사랑을 받아줄 거다. 왠지 내 마음과 같을 거 같다고, 첫 데이트는 음, 가로수길? 아니면 명동 쇼핑? 아니면 어디 갈까... 너무 행복한 고민을 하며 **(2021년 초 가을에 씀)**

오늘은 슬픈 날이다. 내 사랑을 받아주지 않았다. 내 고백을 말이다. 용기 내어 나와 연애하자고 말했는데 당연히 내 마음과 같다고 생각해 거절은 없을 줄 알았는데 너무 총알처럼 훅-들을 수밖에 없었다. "미안" 하다고 말했다. 그래 나에게 뭔 사랑이야, 나는 지금 나이만 먹고 이렇게 모태 솔로로 남겠지. 아, 내 마음이 다 세상 사람들 마음과 같지 않다.라는 걸 깨닫기에는 내가 너무 사회 초년생이다. 사랑하기에는 늦은 거지. 이러다 나는 국제 결혼하는 거 아닌지 의문이다. 사랑은 언제 찾아오는 건지 내 짝은 어디 있는 건지, 이 정도면 괜찮은 거 아니야? 대학 나오고, 대기업 다니고, 차도 있겠다. 결혼하면 신혼집 마련할 수 있는 건강한 사람인데... 왜 나를 사랑해 주지 않는 거야, 나는 아마 올해 초가을에 많이 외로울 거 같다. **(2021년 고백하다 차이기 쉬운 초가을에 씀)**

새해 아침이 밝아 오는 날이 기다려진다. 소원을 빌어야지! 우리 사랑 영원하게 해달고, 그리고 꼭 우리 결혼하게 해달라고! 너무~ 추우니깐 안고 있어야지, 그리고 아낌없이 사랑할 거야. 오늘도 내일도 사랑해 그냥 달링이 좋으면 다 좋아. 사랑을 해서 우리는 춥지가 않다. 행복한 새해를 기다리면서 **(2021년 12월 31일 연인과 함께 씀)**

어렵게, 찾아온 내 사랑이 끝났다. 슬프다. **(2022년 헤어진 당일 날에 씀)**

오늘 달링 없이, 혼자 드라이브했다. 외롭다. 보고 싶다. 미쳐버릴 것 만 같아 나는 전화를 걸었지만, 전화를 받지 않아 두렵다. 무섭다. **(2022년 연락 두절된 날에 씀)**

나는 더 이상 생각하지 않을 것이다! 새로운 사람을 만나고, 새 출발할 거다! 젊은데 아직 나 정도면 더 좋은 인연 만날 수 있을 거야! 나는 꽤 괜찮은 사람이니깐. **(2022년 아무렴. 한날에 씀)**

그래, 나도 새 출발 응원할게. 이 빌어먹을 일기장 주인공아! 질투

난다. 아까는 뭐, 대학 들어가게 해달라고 막 애원하게 빌더니, 아주, 좋을 때다. 좋겠다. 젊어서 좋겠다. 젊으면 좋은 거긴 하지. 젊을 때만 할 수 있는 것 들이 특별히 있지, 나이 먹으면 못 하는 그런 거 있지. 원래 젊은 게 좋은 거야. 늙고 싶은 사람이 어디 있겠어? 늙는 건 쉽지. 젊게 사는 게 어려운 거야. 그러니깐 젊을 때 많이 즐기고, 배우고, 연애 많이 하라는 거야. 너무 한 직장에 매달리지 말고, 그렇다고 너무 여러 가지 일을 버리지는 말고, 뭔 말이니? 내가 말하고도 웃기네, 한 사람만 사랑하는 순애보. 나는 귀신이라 이승에서의 기억이 전혀 없어서 내가 젊었을 때 수능 공부를 잘했더라면? 내가 이승에서 사랑을 해봤더라면? 난 저승에서 이러고 있을 거라고 미리 알았더라면, 나도 마지막 순간까지 열심히 사랑을 하지 않았을까? 공부 같은 사랑 공부가 제일 어렵다고 했어. 사랑 그리고 사람 공부가 제일 어렵고, 그리고 너무 묘약 같아서, 기분이 좋을 때도 있고, 엄청 피곤한 날에도 사랑하는 사람 얼굴만 봐도 피로가 풀리는 그런 묘약 말하는 거야. 아쉽게도 나는 저승에서 하는 거라곤. 네 일기장 훔쳐보기뿐, 사랑은 커녕 왕년에 사람이었다는 쟤랑 논다. 사람처럼 사는 것도 나쁘지 않아.

남이 하면 불륜, 남이 하면 로맨스! 연애 이야기는 배 아파서 그만 생각하고, 친구를 흔들어서 깨우기 시작했다. "일어나!" 나는 말했다. 굼벵이처럼 잠이 덜 깬 표정으로 "으음.. 벌써 다 읽었어?" 귀신 친구가 말했다. "그냥 너무 잠만 자는 거 아니야?" 나는 말 돌리며 말했다. "하하하. 저승에서는 잠도 마음 편하게 못 자? 이런.." 잠이라도 편하게 잘 수는 없냐는 화가 잔뜩 나서는 귀신 친구는 무서운 눈으로 말했다. 눈으로 말해요. "야, 무서워 그렇게 눈 뜨지 마, 괴물 같아. 알았어 알았어 안 깨울게 더 자 자 미안해"라고 눈치 보며 나는 말했다. 귀신 친구는 세상 떠내려가도록 이번에는 코까지 골았다. 귀 따갑다. 피곤하다고 너무 잠만 자는지 진짜! 이승에서는 한주먹 거리도 아닌 게 진짜! 내가 착해서 참는다. 마음의 화를 가라앉히기도 전에 코골이가 천둥 같은 소리를 듣고 있자니, "어어? 숨넘어 간다. 아주 혼자 보기 아깝다. 아까워!" 혼잣말로 중얼거렸다. 근데 신기하다. 귀신도 잠을 자긴 하는구나. 때 되면 밥도 먹나? 궁금했다. 그럼.. 저승에서 사랑도..? 알 수 없는 흐뭇한 표정으로 나는 저기 코 골고 있는 귀신 친구가 읽어보라는 일기를 다시 펼쳤다.

두 번째 일기장 내용은 이랬다.

오늘 꿈만 같았던, 날이다. 바로 내가 운전을 하게 된 날이다. 나름 면허 1종이라고! 너무 신나, 역시 내가 잘난 탓인가. 못 하는 게 없어. 아주 그냥, 그 어려운 대학도 잘 들어가고, 아 행복하다! 내일부터 열심히 돈 벌어서, 승용차 사야지. 드라이브도 하고, 이제는 취업만 남았다. 아, 너무 기쁘다. **(2017년 운전면허 취득한 날에 씀)**

오늘은 정말, 행복했다. 바로 첫 면접을 봤기 때문이다! 아, 합격이 예상된다. 합격하면, 올해 졸업식은 아무 문제없을 거야! 난 취업했으니깐, 교수님들도 나를 칭찬해 줄 거고, 졸업식 날 그날이 주인공이지 더 이상 공부도 안 해도 되고 정말 행복하다. 내일이 더 행복하길 꿈꾸

며 (2017년 겨울 대기업 면접 본 날에 씀)

음, 정말 축하 소식이 많은 2017년 보낸 거 같네, 축하 소식이 많다는 거는 그만큼 열심히 했다는 뜻이기도 하지. 면허시험과 취업 준비까지 그리고 2년제 대학 졸업을 앞두며 쓴 일기가 새롭지는 않지, 난 다 알고 있었으니 귀신이잖아! 대기업 합격 이야기는 앞장에서 미리 알고 있었지만, 그래도 2017년도 일기장을 보니 알 거 같다. 나도 시험이라는 관문을 뛰어넘어 본 적은 있었을까? 제2외국어는 배워 본 적 있었나? 아니다. 글도 배우기 전에 저승으로 왔을 수도 있지. 그건 아닌 거 같아 나는 혼자 고개를 흔들면서 말했다. 이 일기장을 읽는 거 보면, 나는 철학자였을 거야! 아주 유명한, 아주 술술 잘 읽잖아, 공감 능력도 뛰어나고, 봐, 느낀 점도 이렇게 혼자서도 잘 말하고! 혼자 나는 싱글벙글했다. 옆에서는 친구가 시끄럽다는 듯이 귀를 팠다. 나는 그걸 보면서 '뭐야,' 째려보며 다시 읽어 내려간다.

나는 오늘도 친구 없이 혼자다. 작년 내 생일 때는 영어 번역기가 생일 축하한다고. 원어민 발음으로 말해줬는데, 올해는 모르겠다. 내 생일을 기대하면서 **(2011년 쯤)**

친구들과 나는 다르게 하교를 하면 집으로 와야 했다. 갈 곳이 없으니, 학교에 다녀와, 나는 1년 정도 넘게 입어본 교복도 금방 갈아입는다. 책상에 앉아서 학원을 가는 친구들을 부러워했다. 왜냐면 우리 집은 학원이라는 곳을 못 다닌다. 그렇다고 가난하다는 것은 아니다. 그 냥, 모르겠다. 우리 집은 내가 고등학교, 대학교 진학도 신경 쓰지 않는다. 너무 하고 싶은 많은 나에게는 올해가 너무 길게 느껴진다. 나도 공부를 하고, 친구들과 열심히 놀고 싶다. **(2011년 방학기간에 씀)**

바로 중2병이 나에게 찾아온 것이다. 중2병. 사춘기라 그런지 얼굴에 붉은 게 올라오기 시작한다. 피부과도 가보고, 짜증도 나고, 부모님과 전쟁이다. 관심이 아니라, 간섭이라고! 간섭! 정말인지 간섭 따위 받고 싶지 않은데, 언제부터 그렇게 관심 있었다고 이제 와 난리인지 모르겠어. 아무도 내 방에 들어오지 말라고! 나는 선전포고를 하고, 휴대폰 봤다. 하지만 내가 방금까지 선전포고한 중2병 증상을 누구에게도 말을 할 수 없다. 왜냐 나는 여전히 친구가 없기 때문이다. 친구가 없다는 건 중2병 보다 무섭다. **(2012년 중 2병 말기 때 씀)**

중2병, 드디어 찾아온 건가? 뱃속에 있을 때가 가장 좋을 때라고 예비 산모들에게 말을 하고 했지. 사춘기 학생 때가 좋을 때라고. 알아서 다 커서 시집, 장가가는 게 최고 효도라고 손주까지 안겨주면 금상첨화라고 말이다. 나는 가슴이 아프다. 부모님의 모습을 상상해 보았다. 독기노인이 너무 많기 때문이다. 우리 부모님은 계셨을까? 이승에서의 기억은 나지 않지만 그래도 나는 궁금하다. 부모님이 나에게도 계셨더라면 우리 부모님은 행복하지 않았을까? 내가 태어나서 말이다. 아니다. 내 말실수다. 내가 부모님보다 먼저 죽었으면 불행이지.

내 핏줄을 못 보는 고통은 얼마나 가슴이 아플까 생각이 들었다. 나는 고아였을까? 나는 자식이 있었을까? 어떻게 죽었는지도 기억도 안 나지만 죽음과 저승은 너무 다르다. 나는 다시 철학자스러운 생각에 잠겼다. 태어난 몸, 열심히 살다 죽으면 그만이지. 혼자 왔다, 가면 그만이지만, 이 일기장의 주인공의 중2병을 앓아서 부모님과 싸운다. 라는 것은 아주 행복한 거다. 친구는 없어도 말이야, 부모님은 다 용서해 주시니깐 자식이 좋다면 좋은 거니깐 그게 부모님의 사랑이지. 아낌없이 주는 나무처럼 말이야. 부모님 살아계실 때 효도해야지, 한 번이라도 자주 더 전화 드리고, 같이 외식이라도 하고, 사랑한다고, 감사하다고 인사라도 자주 찾아봬야 그게 더 효도 아닐까. 부모님이 늙어가는 얼굴을 바라보는 것도 자식들에게도 눈이 있으면 알 텐데, 늙어간다. 라는거. 그리고 우리 부모님처럼 나도 언제 가는 늙는다는 걸 이제 알아야 할 텐데. 우리는 혼자 살아갈 수가 없다. 때가 되면 다 누군가의 보살핌과 관심이 필요하다. 관심이 없다는 건 무관심, 사회에서도 무시당할 수 있기 때문이다. 늙으면 왜, 이런 말 있잖아, 나이 먹고 주체이다, 나이만 먹었지 할 줄 아는 게 하나 없는 늙은 사람으로 낙인이 찍혀 사회에서 배려 대상자가 될 테니깐, 그래서 할 줄 아는 것도 해야 할 것도 없을 때 어른 공경해야 한다는 말을 입에 달고 살 거다. 그러면서 점점 기억이 흐릿해지기 시작하면 조기 치매 증상이 온 거지. 정말, 요양병원에 갈 수밖에 없는 현실이 참, 슬프게만 느껴질 테니깐, 내 스스로가 아무것도 할 수 없고, 심지어 먹는 것도 화장실 볼일 보는 것도.. 이젠 내가 누구인지도 까먹는데, 나를 찾는 방문객을 봐도 그저 웃음만 난다. 기억이 나지 않는 거지. 늙음 자체의 정의가 뭘까? 어디까지가 늙음 일까? 알츠하이머 조기 치매도 젊은 층들에게 발병이 된다. 그래서 우리는 늙다는 건 아마, 빠르게 변화하고 있는 세상 속에서 열심히 살아가고 있다는 증거라고 말하고 싶다. 열심히 산다. 나는 생각한다. 그래서 나는 살고 싶다. 젊게 그것도 꽃보다 청춘으로 말이다. 늙음의 반대는 청춘이지. 젊다는 말이니깐, 청춘이 있었기에 늙음도 찾아오고, 청춘을 그래서 열심히 보내야 한다고 나는 말하고 싶다. 이 일기장 주인공에게 비록, 중2병으로 힘들더라도 친구가 없어서 외로워도 부모님과 소통하면서 일기장을 매일매일 써보면 뭐라도 되어 있지 않을까? 너무 대학입시, 연애 이야기 말고, 솔직한 비밀 일기도 써보는 것도 나쁘지 않다고 생각이 들어서, 소통의 부재가 느껴지면 아무나 붙잡고, 그저 말하고 싶고, 내 할 말만 하게 되는데, 그래도 일기장에 써 버릇하면 다르지 않을까? 시원 섭섭할 것 같기도 하고 정말 꿈만 같. 쓰기만 했는데 마음이 후련해지고, 고민이 해결된다면 매일매일 쓰겠지? 그러기에는 너무 많은 고민거리와 스트레스로 일기장이 넘쳐나면.. 그게 더 고민거리인가? 생각이 드네, 아무튼 이번 일기 내용의 한 줄 평은 외로워하지 말라는 말이야, 언제가 내가 썼던 과거의 일기장을 읽게 되면 아주 쪽팔려서 내가 이랬다고? 당황과 기억이 가물가물 거리고, 고개를 흔들기도 하고, 정말 일기라는 건 자주 꺼내 먹으면 재밌네. 역시 저기 저 잠자고 있는 저승 친구가 잘 추천했네, 쟤는 이 일기장 다 읽어 봤다고 했는데, 그나저나 내가 다 읽을 때까지 안 일어나는 거 아닌지... 아니면? 잠자려고 일부로 읽게 한거 아넌지, 일부로 막 뒤죽박죽으로 해놓고, 좀 더 느긋하게 읽으라고 모험한 거 아닌지, 별별 의심이 드는데, 어휴- 저승에서는 나쁜 사람도 착한 사람 된다는 말을 믿고 싶어진다. 너무 이승에서 나쁜 짓을 많이 해서 나쁜 짓을 못 하는 거지. 왜냐, 기억이 없으니깐 이승에 대한 내가 뭐 했는지. 그냥 저승 오면 다 착해 보인다. '아, 내가 늙었다는 건가.' 순간 헛웃음 나왔다. 손에 든 일기장 다음 장을 넘기며...

오늘은 마지막, 날이다. 안녕, 고등학교 평생 친구라더니,, 나에게는 친구가 하나도 없었다. 난 내년 스승의 날에도 같이 올 친구가 없다. **(2015년 고등학교 졸업식 날에 씀)**

오늘 입학식이다. 신입생! 나도 이제는 사복을 입고, 학교에 다니기 시작했다. 너무 기분이 좋다. 동아리도 가입하고 싶고, 그동안 못 사귄 친구들도 사귀고 싶다. **(2016년 첫 입학식 때 소감을 씀)**

선배들이 나를 좋아하는 거 같기도 하는데, 도무지 나하고는 놀아주지 않는 거 같아. 역시 내가 잘난 탓인가. 금수저도 아닌데 봉사활동도 같이 가고 싶어, 따라다녀 봤는데 나에게 돌아오는 대답은 "마감이라서요." 마감이 아니라 마음이 없는 거 아닐까, 마음이 말이야, 나하고 친하게 지낼 마음이 없는 사람과 내가 친하게 지낼 필요는 없지만, 이렇게 짧은 2년이라는 대학생활을 또다시, 추억 하나도 없이 보내기는 싫다. 너무 겁난다. **(2016년 겨울방학 때 씀)**

　역시, 친구가 없는 거에 아직까지 슬퍼하고 있네, 과거의 일기장을
보면 2026년도에 이쯤에는 이 일기장 주인공이 10년 전 일기를 보면
서 다, 부질없다. 라는 얼굴을 하고 있겠지? 2026년 도면 몇 살이야?
결혼은 뭐, 할 거고, 취업은 앞장에서 대기업 합격했다고 했으니, 결
혼만 남은 거네, 근데 대기업 들어가면 연애하고 바로 결혼인가? 이
건 누가 또 정의를 내린 거야? 의문이네.. 또, 철학자 탐정 놀이를 해
야 하나? 일기장의 주인공이 대학 시기가 재발한 암흑시기 아닌가 생
각이 든다. 끊임없는 왕따, 그리고 두려움을 극복하려고 애쓰지만 결
국 암흑시기에 벗어나려면 일기 쓰기 밖에는 없다는 걸 알고 있는 거
같아. 말할 사람이 없으니깐, 들어 줄 친구도, 그리고 은둔 형 성격이
니 가족과 함께 소통도 없을 거고, 아무 볼펜이나 잡고, 아무 종이에
다 써 내려가는 게 최선이라고 생각해서 이렇게 일기장이 뒤죽박죽인
가 싶기도 했어. 연도 별로 정리해 두면 좋을 텐데, 읽기 어렵게 말이
야, 뒤죽박죽 인생은 안 살아서 다행이기도 싶고, 참, 착하게 산거 같
은데, 왜? 친구가 없는 걸까? 저승에서 나도 이렇게 친구가 있는데, 저
기 저 코 골며 자는 쟤. 이승에 내려가서 친구라도 해주고 오라고 하고
싶지만, 아직 둘 다 저승길에도 다 가보지 못 한 초년생 아니, 귀신이
라.. 지켜주지 못해 미안하네, 친구가 없다는 건 정말 마음이 아픈 일
이지만, 그래도 일기라도 열심히 썼으면 좋겠다. 일기 쓰기 하면 치매
도 예방되고, 기억력도 좋아지고, 자, 나도 오늘부터 일기를 써보고 싶
네, 일기 쓰기 그리고 매일 감사하기! 아주 좋네, 저승에서 감사할 일

이라? 앞을 볼 수 있는 거? 그리고 걸을 수 있는 거지. 그래, 오늘 일기
장에 써야겠어. 저승에서도 앞을 보고, 걸을 수 있다. 그리고 친구도
있어서 외롭지 않은 저승길이 될 거 같다고. 말이다. 저승길이 왠지 몇
시간 전과 다르게 공기가 다르게 느껴지기 시작하며, 다음 장을 계속
읽는다.

　작년에 나는 너무 힘들었어, 사랑하는 사람과 이별하고, 아무 희망
조차 없을 때, 새로 하고 싶은 게 생겼어! 바로, 글쓰기야! 책 보고 그
런 거! 책은 그나마 나랑 놀아주잖아. 항상 내 옆에 있어주고, 항상 나
랑 같이 눈을 마주 보고, 밥도 같이 먹을 수 있고, 좀? 슬프지만, 책책
책 많이 읽자! **(2023년 새해 아침에 씀)**

　음, 오늘은 학교에서 독후감을 써오라고 숙제를 내주었다. 정말, 읽
고 싶지 않은 책을 읽어야 했다. 어떤 책을 읽어야 하나, 고민 끝에 〈양
파의 왕따일기〉 동화책을 읽었다. 뭐, 무슨 장르를 읽어 보라고 말은
하지 않았으니깐, 동화책도 책이니깐. 근데 나름 동화책도 어렵다. 책
은 역시 나하고 거리가 멀다. 내일 숙제는 내일로 **(2013년 동화책 보
며 씀)**

　모야, 10년 전후 일기가 너무 극과 극이야. 아닌가? 반대 군. 동화책
도 제대로 읽지도 못 한 고등학생이 비로소 성인이 되어. 책을 제대로
읽기 시작한다는 거야? 와, 손뼉 쳐주고 싶네, 하지만, 나는 귀신이라

서 손뼉을 쳐도 스치기만 할 뿐, 소리가 나지 않는 이 저승이 원망스럽다. 책책책 나도 책을 읽고 싶은데, 아무 책 말고, 좀? 교양이 있는 시! 바로, 시가 나는 딱, 좋은 거 같아. 짧으면서 많은 의미를 담아내고 있잖아? 지옥. 암흑이지만 나에게는 시적 감각을 살려주지 않을까? 지옥인지 천국인지 나는 이 저승길을 다 가봐야 알 수 있지만, 가는 동안에는 얼마나 소중하겠어. 내가 좋아하는 시도 읽고, 일기도 쓰기도 했는데! 바로, 감사 일기 말이야, 오늘 나도. 이 일기장 주인공처럼 말이야, 꿈을 키워서 발전해 나아가야겠어! 나는 천국 갈 수 있다. 아직은 젊다. 나는 꿈이 있어서 다행이다. 꿈을 꾸면서 열심히 나는 다음 장을 넘겼다.

작년에는 여름휴가가 살인적으로 다가오더니, 올해 여름 너무 기분 좋다. 내 작은 집에 에어컨이 있기 때문이다. 작년에 대기업 취업을 해서, 월급을 모아서 마련한 거다. 이런 천국이 또 있을까? 너무 행복하다. 여름 내내 집에만 있을 거야. 집이 작아 다행이다. 벽걸이가 들어왔으면, 큰일이었을 텐데.. 그럼 천국이 아니고, 그냥 찜질방 수준이였을걸... 잘했다. 잘 샀다. 에어컨이 난 네가 좋아! 네 덕에 올여름이 외롭지 않겠구나, 정말 행복하겠어. 천국이 따로 없다. 더울 때는 그냥 아무것도 안 하고 가만히 있는 게 최고지. 그리고 공포영화도 보면서 즐기는 거지. 한여름 밤에 찾아온 모기도 춥다고 할 정도로 영하 18도로 에어컨 틀어두면 그냥, 집안 곳곳이 천국! 나는 너무 행복해, 이런 천국으로 온 게 정말, 열심히 일한 보람이 있네. **(2019년도 한여름 에**

어컨 틀고 씀)

천국 같은 소리 하고 있네, 따지고 싶었다. 왜냐면 나는 귀신이니깐, 여기 저승길은 에어컨이 필요가 없다. 춥지도 덥지도 그냥 딱, 봄과 초가을 날씨 수준이니깐 그냥, 내가 발끈하게 된 거는 저승길에서도 아직 가보지도 못 한 천국이라고 하니깐, 어떻게 작은 집이 천국이라는 건지 알 수가 없어. 친구도 없으면서, 혼자 영화나 보고 말이야. 혼자 밥 먹고 그러면서 나는 한숨도 아닌 한탄을 했다. 이승과 저승은 너무 다른 길이라고, 저승에서는 이승으로 갈 수가 없다고. 반대로 이승에서 저승으로 오는 건 너무 쉬운 길이라고, 이승에서 너무 천국을 즐기다 오면 저승에서의 천국은.. 나도 모른다. 저승길 헤매고 있는 귀신이라, 그리고 아직! 지옥도 천국이고 안가 봤기에, 알 수가 없기 때문이다. 그저 오늘 저승길을 내 발로 걸어서 다닐 수 있다는 감사함만 있을 뿐이다. 천국에 가길, 오늘 감사 일기를 써본다.

힐끔 나는 잠자는 친구를 한 번 더 깨울까? 아냐, 또 깨웠다가는 화나서 나 버리고 가면 어떻게.. 걱정을 하면 계속해서 일기장을 폈다.

나는 자살할 거다. 꿈도 희망도 없다. 나는 죽어서 아마, 저승에도 가지 못할 거다. 행복한 기억이라고는 하나도 없는데, 왜 살아야 하는지 모르겠다. 희망조차 없는 (**2020년 씀**)

사람 일은 모른다고, 1년 전만 해도 행복하다. 천국이다. 말했으면

서, 죽고 싶다고? 참, 이 일기장 주인공이 한심해. 나보다는 할 일 없
지는 않을 텐데, 나보다 더 불행하지는 않을 텐데.. 죽고 싶다고만 말
하고, 왜 죽으려고 하는지는 말을 하지도 않으니 귀신이 답답해서.. 미
치겠네, 아! 이런 시적 감성이 불쑥 튀어나왔다. 귀신도 말을 안 해 주
면 못 알아듣는다고. 그러니 힘들면 힘들다. 좋으면 좋다고 꼭 말해달
고 알려주고 싶다. 귀신도 말 귀 알아듣는다고 말이야. 그러니 제발,
귀신이 말 귀 못 알아들어서 저승길 못 찾지는 않을 거라는 이승에 있
는 사람들에게 알려주고 싶다. 저승길도 나쁘지는 않다. 아, 쟤는 언제
까지! 자는 거야, 짜증나는 감정이 올라올 때.. 그래, 감사 일기! 오늘
도 감사하다고 말할 수 있어서 감사해요! 심술 가득한 감사 일기를 쓰
고는 마지막 장을 읽었다.

　나는 오늘 학교를 졸업을 했다. 근데 쪽팔렸다. 졸업식에 아무도 오
지 않아서. 졸업과 동시에 방학한 날 이게 뭔지 정말 살기 싫다! 차라
리 죽어버렸으면 소원이 없겠다. **(2009년 씀)**

　나는 '다 읽었다.' 생각하기도 전에 친구가 "정말 딱딱한 일기지? 더
럽게 재미없더라."라고 말했다. '엇.' 잠깐 생각을 정리하며 나는 말했
다. "아니야, 이건 비밀 일기장이잖아. 위로해 주고 싶은 기분이야 나
는 읽고 나니 가슴이 아파"라고 나는 말했다. "슬퍼?" 다시 생각해 보
겠다는 표정으로 친구가 대답했다. "슬프지, 봐봐라! 얼마나 슬프냐?"
나는 째려보며 말했다. "다시 생각해 보니 슬프네, 마지막에는 죽겠다

고 유서 쓰고, 뭘 벌써 죽고 싶데" 친구는 어이없다는 듯 비밀 일기장을 덮었다. 이제 다시 난 일어나 저승길에서 걸었다. 아직까지 의문이다. '왜 귀신이 걸어 다녀야 하나? 영화나 드라마에서는 귀신들도 스-윽 왔다 슉! 나타나던데, 순간 이동처럼 귀신 팔자도 모른다는 말인가?' 생각을 할 때, 뒤따라오던 친구가 사라졌다. 나를 두고, 어디론가 가버린 것이다. "좀! 말하고, 가지" 나는 짜증스럽게 말했다. 아무도 없는 곳에서... 갈림 길이 보일 때 나는 아까 일기장이 생각이 난다. 왜? 죽고 싶었을까? 그것도 한참 친구들과 놀이터에서 놀고, 밥도 많이 먹고, 뛰어놀 나이였을 텐데, 죽음이라는 걸 알긴 알고 쓴 걸까? 소원을 말해봐 하면 바로, '로또 1등 당첨이오!' 이런 소원 빌어야지, 죽는 게 소원이라고 하는 일기장 주인공이 남 애기 같지 않았다. 나는 이승에서 죽고 싶다고 소원을 빌어서 이러고 있는 거 아닐까. 나 스스로에게 묻고 싶다. "너는 어느 별에서 왔어?" 나는 혼자 대답했다. "나는 저 별나라에서 왔어." 나는 계속해서 혼잣말을 이어 갔다. "그 별나라에서는 친구가 없었어? 혼자 놀게?" 나는 공허함에 계속 혼잣말로 위로를 삼았다. "혼자가 편해요." 힘 빠진 목소리로 나는 다시 말했다. "혼자가 편해서 혼자 죽은 거야?" 나는 더 슬픈 표정으로 말했다. "아니, 혼자였으니깐 혼자 죽은 거야." 혼잣말 놀이는 그렇게 슬픔을 남겼다. 뚜벅뚜벅 갈림이 점점 두려워지기 시작했다. 아까 그 친구도 없고, 혼자라는 두려움 앞에서 나는 걸으며 전화위복이라고 하지 않았던가. 좋은 생각을 해봤다. '혼자라서 혼자 죽었다.' 내가 말해놓고 뭔가 멋져 보였다. 이승에서 내가 고대 철학가였나? 의심이 들 정도로 말이다. 철학자들은 정의를 두고, 즉, '참과 거짓' 바로 '진실과 거짓'을 두고 항상 진리를 찾아 배우고, 학습하고, 열심히 정의를 내린다는데 왜, 아직도 저승이라는 정의가 없다. 아무도 발견도 하지 않았고, 가본 사람이 없었으니깐. 나처럼 말이다. 저승에 와 보니, 인생에 철학이라는 거는 없다고 정의를 내리고 싶다. 죽음 앞에서는 결국 다 부질없다는 걸 알 테니깐 말이다. 갈림길에 벗어나 나는 한 길을 선택했다. 왠지 이 길이 끝나면 이 으스스 한 길도 나랑 끝날 것 같았다. 나는 걸으면서 계속 생각을 했다. 아까, 그 일기장 주인공. 돈으로 에어컨 사서, 행복하다고 막, 천국이라고 했는데, 결국 사람 때문에 행복하다. 천국이었다. 라고 말한 거는 연애밖에 없었기 때문이다. 사랑은 천국이라고 했던가. 사랑이 곧 행복이고, 내 온 정신을 지배하고, 행복하고, 그저 세상 모든 게 그냥 네가 좋으면 나도 좋아! 행복해 모드로 갈 수 있을까? 그런 길이 이승에는 있나 보다. 왜? 저승에도 그런 길이 있었으면 싶다. 나는 끊임없이 길을 걸으면서 재미있는 상상을 해보기도 했다. 이 길이 다 끝날 때쯤이면, 아마 나도 감사 일기 한 권 정도는 책으로 나오지 않을까? 이 정도면 많이도 쓴 거 같은데.. 흡족한 얼굴로 나는 계속해서 감사 일기를 썼다.

　귀신 일기. 나는 귀신이다. 하지만 나는 감사하다. 귀신이라서 이승 사람과 저승에 곧 갈 사람도 보인다는 거 그래서 다행이다. 나는 그래도 두 번 죽을 목숨은 아니라는 거니깐, 죽어도 한 번에 죽어야지. 처음 만났던 친구의 말이 생각이 난다. '가족들이 고생했을 거라고' 여름에 죽은 기억이 나는데... 아! 나는 한 번에 죽은 게 아니었어, 여러 번 죽을 고비를 넘기다 작은 희망을 감추고 죽은 거라고 나는 친구의 말을 다시 생각했다. **(모름 연도 저승길에서 씀)**

　그래, 죽는다는 건 슬프다. 죽고 싶은 사람이 어디 있겠는가. 나조차도 죽고 싶지 않았을 거다. 내가 읽었던 일기장 주인공처럼 말이다. 나는 매일매일 행복하고, 좋은 사람들과 행복 하루하루 보내고 그랬을지 않을까? 이승에서의 행복했던 순간을 나는 기억을 하고 싶지만, 귀신이기에 상상만 해보는 거다. 가상으로 말이다. 나는 이랬을거다. 음.. 추측만 해보는 거지, 아마 나는 글을 읽을 줄 아는 거 보면, 유명한 학자였을 거야! 그래 빙고, 아니면 생각하는 걸 좋아하고, 시적 감각이 있는 거 보니, 예술가?! 헉! 내가 예술가 기질이 있다는 거야! 와우 대단해.. 역시 나란 귀신은 역시 잘났다.

　오늘 나는 내가 이승에서 누구였는지 알 거 같아서 감사했어. 저승길에서도 나는 더 이상 외롭지가 않아. 왜냐, 이 일기장이 있기 때문이지. 일기를 써서 참, 다행이야. 일기를 써서 내가 갈림길에서도 좋은 길을 잘 선택해 갈 수 있기 때문이야. 길은 어차피 내가 선택한 길이지. 모든 길이 내가 선택한 길, 내가 성장할 수 있는 길, 내가 원하는 방향대로 잘 걸어 가면 이 길 끝에는 천국이 나타날 거라고 나는 믿을 거야. **(모름 연도 좋은 길을 찾은 귀신이 씀)**

나는 이 감사 일기 끝으로, 장례식장에서 만난 친구에게 고맙다고 말해주고 싶다.

친구야, 너는 지금 어디에서 뭘 하고 있는 거야. 어딜 돌아다니 길래. 안 보이는구나. 귀신이라 그런지, 제멋대로군, 친구야, 보고 싶다. 오해는 하지 말고, 내가 갈림길에서 두려움에 떨고 있는 나에게 아주 좋은 선물을 줬잖아. 책은 인생의 길잡이, 인생의 교과서! 라고 나, 그 일기장 주인공을 알 거 같아. 그리고 너의 정체도 곧 알 거 같아. 너 설마 나 저승길에서 심판하러 온 염라대왕이야? 대답은 천국 가서 들을게. 아무튼, 잃어버린 내 일기장 찾아 줘서 고마워, 앞으로 감사하며 살아갈게, 아! 난 귀신이니깐, 귀신답게 내가 멋진 작가 귀신이 되어 있으면 친필사인도 해줄게. 친구야. 꼭 한번 다시 만나자! 이왕이면 천국에서 고마웠어.

삶에 감사하고
누리고 행하다 보면
길은 언제나 열려 있다.

솔미

솔미

책을 통해 삶을 짓는 작가가 될려고합니다
희망과 실천 행동을 통한 삶의 진화과정을 경험
바탕으로 치료적 글쓰기를 시도하고자합니다

email: pyj0717@korea.kr

함석헌의 그대는 골방을 가졌는가?
이 세상 소리가 들리지 않고
이 세상의 냄새가 들어오지 않는
은밀한 골방을 그대는 가졌는가?
세상 소리와 냄새 다 끊어 버리고
맑은 등잔 하나 가만히 밝혀
극진하는 님의 속삭임을 들을 수 있네...

이런 상상은 포기하고 싶은 삶과 지친 내 영혼을 희망으로 달리게 만든다. 그런데 현존하는 직업과 골방에서의 작업 이 둘을 가지려니 세상은 너무 시끄럽다. 나 역시 너무 시끄럽다. 어느 누구나 나의 이런 의도를 알기라도 한 듯 가만히 두지 않는다. 그래서 골방을 찾아 쉼 없이 영혼은 달리고 원하는 골방을 찾았다 싶으면 또다시 나를 괴롭히는 이가 가만두지 않는다. 그렇다고 생업과 직결된 사회생활을 포기할 용기도 없다. 그래서 시도하고 포기하고 그러기를 여러 해 그래서 난 내 영혼이 빠질만한 매력적인 스토리를 가졌는가를 깊이 들여다보고 삶을 체험하고 용기 내어 글을 쓴다. 작가라는 명함 하나쯤 가질 수 있기를 기도하면서 마지막 내 삶의 재능을 글 쓰는 능력의 달란트를 주님이 주시길 간절히 원한다. 나를 세우고 보호할 수 있는 능력 펜은 칼보다 강하다는 걸 증명해야 하는 나의 목적을 내 삶의 마지막 소임으로 받고 싶다.

쉰 살쯤엔 나만의 골방에서 은밀한 창작의 세계에 푹 빠져 내 영혼의 안식처가 되어 줄 글쓰기 작업이 내가 원하고 바라는 삶의 마지막 소명이다. 세상에 빛이고 희망이 될 달란트!! 긴 세월 속에서 내가 겪고 이겨 내야만 했던 비루한 삶을 한없이 토해내고 나면 나의 영혼은 평안과 안식을 찾을지도 모른다.

주먹밥

여유로운 토요일 주말이다. 늦잠 자고 일어나 음악을 틀고 스트레칭을 한다. 출근으로 독촉 된 시간표가 아니다 그냥 오늘 하루는 여유로움으로 채운다. 오늘은 어떤 일상으로 채울까 그냥 조건 없이 약속 없이 아무런 서두름 없이 찾아온 여유로움 이런 날엔 어떤 스케줄이 나를 신나게 만들어 줄지만 고민하면 된다. 누구나 만들 수 있는 여유로움이다. 나에게 특별히 주어진 여유로움은 아니다. 이 여유로움을 어떤 시간과 일상으로 채울지는 개인의 몫이다. 평화와 사랑, 그리고 특별한 즐거움으로 채울지 그냥 잠으로 날려 버릴지 아님 그냥 당연한 하루를 아무 생각 없이 보낼지는 각자의 삶의 방식이다. 그러나 나에 겐 특별하다. 오늘 주어진 여유로움이라는 귀한 시간을 망치는 것도 자신이고 그 분위기를 이어가는 것도 자신이다.

딸아이는 원하는 직업을 가지기 위해 학사와 연관된 학문을 하고자 혼자 힘으로 장학금을 받으며 대학원에 진학 중이다. 나이가 23살 혼자 자신만의 세계를 만들어라고 독립을 시켰다. 집에서 버스로 1시간 거리에 있는 대학교 앞에 원룸을 얻어 주었다. 그래서 주말이면 한가할 때만 집에 온다. 이번에도 별 일이 없어 집에 와서 자고 있는 딸과 월요일부터 아침 8시까지 출근해서 저녁 7시가 되어야 집에 오는 남편은 주 5일간의 꽉 찬 밥벌이 생활로 지쳐 휴일이면 늦잠 자기 일쑤다. 나는 행복하게 그들을 위해 아침식사를 준비해야 한다. 나 역시 직장 생활로 지쳐 고될만 해도 내기분 내감정은 접어 두고 그들의 안위와 삶이 더 걱정되는 나는 그들을 우선으로 챙긴다. 냉장고에 있는 재료를 확인하고 주메뉴를 정한다. 오늘의 메뉴는 간단한 주먹밥이다. 멸치볶음에 청양 고추를 총총 썰어 넣고 참기름과 꿀을 넉넉히 넣어 썩어 준다. 그리고 구운 김을 두손으로 으깨어 밥을 넣고 비벼준다. 모양은 내 맘대로 세모, 네모, 동그라미 모양을 낸다. 그리고 개인 접시에 보기 좋게 담아 낸다. 엄마, 아내만의 감정을 듬뿍 넣어 이 양식으로 더 깨끗하고 바른 삶으로 자신을 바로 세우기를 소망하면서 오늘도 일용할 양식을 주신 주님께 감사함을 넣어서 정성으로 낸다. 어제 아침에 끓여 놓은 명란젓 미역국이 시원하게 맛나다. 주먹밥과 잘 어울리는 한끼 식사다. 자고 있는 딸과 남편을 재촉하여 일어나서 식사하라고 고함을 친다. 여기엔 오늘도 그냥 의미없는 주말을 보내기 싫은 나의 감정이 들어 있다. 주섬주섬 세수를 하고 식탁에 앉는다. 여유로운 주말 아침식사 시간에 아들이 빠진 자리라 못내 아쉽다는 감정을 남편은 억누르고 있다. 그래도 아들을 더 걱정하는 남편이 좋다. 좋은 아빠표를 찍어 주고 싶다. 누구나 당연히 그저 주어지는 아빠역할에도 자격이 필요한 것 같다. 아들은 먼 타향에서 밥벌이로 혼자 끼니를 해결 하면서 살고 있어 마음이 쓰인다. 딸과 남편은 이 아침식사를 감사하게 받아야만 한다. 세상에 당연 한건 없으니까 딸아이는 엄마가 해주는 건 아무거나 잘 먹는다. 그래서 귀찮아도 손수 음식을 해서 줄려고 애쓴다. 5분 늦게 식탁에 앉은 남편은 늘 딸이 맛난 반찬을 다 먹어 치운 뒤에 먹는다. 그것을 나무라기도 참 어색하다.

난 여유가 있을 때 마다 나한테 허락된 자유를 온전히 작가 되기에 몰입하기로 했다. 내가 가장 의미 있게 사는 삶이라고 생각하는 것은 자신의 달란트를 찾아서 행하는 삶이다. 그래서 나의 달란트를 찾고 소질 여부를 확인하기 위해 작가 되기 수업에 등록하였다.

대구에서 서울까지 장거리 운전을 해서 2시간 수업을 듣기 위해 달렸다. 왕복으로 정차까지 합쳐 족히 9시간의 운전으로 지칠만해도 귀찮음 없이 주말 아침식사도 1~2시간 만에 해결한다. 서두로 주먹밥을 언급한 것은 내면적 어둠 슬픔이 깊이 박혀 아이러니하게도 아침 풍경만큼 행복감은 없다. 다만 억누르고 무시하고 주어지고 허락된 시간을 가족을 위하고 평화와 안식을 위해 애써 태연한 척 괜찮은 척 눌러 둔다.

마냥 즐겁고 행복한 주말 아침 광경이 아니란 걸 의식하고 있는 나는 지금 여기 현재 내가 여유로움을 느끼며 존재하고 있는 것은 껍데기다 진정한 내가 아니다.

2년 전이라고 해야 할까 그날의 기억은 지워지지 않지만 정확한 날짜는 기억나지 않는다. 한창 코로나 19로 세계가 떠들썩할 시점 이었다. 뚜렷하게 선명하게 글로 표현하려면 너무 리얼이고 팩트라 떠올리기 싫다. 그래서 난 추상적으로 내면화하고 추상적으로 나를 치유하고자 이 글을 쓰고 있다. 글이란 한 사람을 살릴 수도 죽일 수도 있으니 조심스럽다. 내가 글로 펜은 칼보다 강하다는 걸 증명하고 싶은데 아직은 조심성으로 인해 막막하다. 대한민국 여성이면서 경제력이 부족한 남편을 만나 둘이 합심해서 가정을 잘 꾸려 나가려면 한 번쯤은 당할 수도 있는 일이다. 욕설, 그리고 주먹질로 위협하기, 그보다 더 센 주먹으로 구타하기, 이런 폭행이 가정에서 이루어지면 흔한 이혼으로 마무리를 할수 있다. 그러나 직장에서 이루어지면 당장에 나를 책임져 줄 이가 없을 때 하물며 남편마저 신뢰가 가지 않을 때 참고 견디며 작은 다툼이나 억울함은 무시하고 넘어간다. 급기야 숨이 막히고 살아지기가 힘들어 쳐야 터져 나오는 절박함. 이 절박함도 현실을 무시하고 불쑥불쑥 튀어 나오면 감당하기 조차 힘든 현실이 주어진다. 이럴 때 사람들은 내려 놓아라 하는 문구를 되뇌거나 아미타불 관세음보살, 이거나 주여 어린 백성을 용서하소서, 이런 주문으로 자신을 안정시키고 다시 일어서야 하는 이유와 살아야 할 목적을 찾으며 몇 년을 훌쩍 보낸다. 의식주가 걱정이 없는 이들은 이런 사람을 이해 못 한다. 요즘 밥 못 먹고 사는 사람이 있을까 해도 만족스러운 삶을 잘 살기는 힘든 노릇이다. 가진 것에 감사하고 이환경을 감사하고, 전쟁이 안 일어남을 감사하고, 우크라이나 사건을 보면서 얼마나 감사한 일인지 모른다. 그리고 이렇게 평온한 일터에서 평온한 일상을 보낼 수 있음에 감사하고, 서로 도우며 나누고 배려하는 삶을 살고 싶지만 그마저도 상대적이다. 적정선을 서로를 위해 지켜줘야 한다. 그래야 나를 온전히 보호할 수 있다. 그 일이 있은 이후로 나에게 주어진 불이익은 항의하지 못하고 고스란히 받아야만 했다. 중이 절이 싫으면 중이 떠나야지 절을 떠나라고 할 수 없듯이 난 이속에 갇혀서 감옥살이를 자처하는 꼴이 된다. 떠나고 싶어 여러 방면으로 알아보고 조직에 요구도 했지만 안아무인이다. 그러나 사회적 조직은 나 자신만큼 관심도 없다. 그저 배부른 소리 하네라는 식이다. 사람이 그럴 수도 있지가 나를 한정 없이 나락으로 떨어지게 했으며 다시는 주워 담을 수도 다시 의욕을 가질 수도 없는 낙인 찍힌 심리적 낙오자가 되었다. 혹자는 편하고 좋지 않으냐며 부러워하지만 이것은 인격체에 대한 예의가 아니다. 정의롭다는 사회 가면 뒤의 이야기다. 늘 약자 위에 군림하는 강자는 일말의 양심도 없다. 당연하게 받아들인다. 그것이 사회악이며 병이 된다. 하물며 자라나는 새내기들 그리고 청년들에게도 암묵적으로 사회적으로 틀려도 권위 앞에 복종하는 거짓된 삶을 요구한다. 부당함이 있어도 바로 잡지 않고 부당함을 방치하고 조작하는 사회 풍조가 형성된다. 그러면 생존 환경은 더욱 나빠질 우려가 있다.

주먹밥은 맨손으로 주워 먹기 쉽게 만든 주먹처럼 둥글게 뭉친 밥덩이를 말한다. 이 주먹밥은 밥벌이를 해서 얻은 양식이다. 밥벌이를 위해 항상 멋지게 보이고 싶었다. 그래서 할 수 없어도 할 수 있다고 긍정을 했고, 하기 싫어도 제가 하겠다고 능동적이며 무엇이든 도와 드리겠다고 적극적으로 나섰다. 그리고 하기 힘든 일도 기꺼이 해주는 헌신적인 직장인이었다. 그러다가 지적을 받으면 잘못된 것은 즉시 고치겠다고 하는 겸허한 사람이었다. 예순을 바라보고 달리는 나는 이렇게 하면 어떻겠습니까라고 물으면 협조적인 사람이었다. 지금도 감사할 줄 알며 도울 일이 없습니까?라고 물을 수 있는 여유 있는 사람이었다. 늘 이 순간 할 일이 무엇입니까? 라고 하며 일을 찾아서 할 줄 아는 사람이었으며 나는 참 멋진 생각을 하고 있었다. 그러나 나이를 먹고 후배들에게 밀리고 업무적으로도 능력이 향상되지 않아 옹졸해지기 시작했다. 조직에서도 나의 인격을 하나 하나씩 치부되기 시작했다. 마인드나 실력이 떨어질까 봐 늘 긴장하고 여러 업무들을 눈여겨 봤었다. 혹시나 기회가 오면 열심히 자신만만하게 해 낼 거라고 거만하게 다짐했었다. 그러나 그건 허상이다. 현재의 나는 게으름을 피우지 않고 늘 주어진 업무에 최선을 다했지만 결과로 돌아온 것은 참을수 없는 가벼운 존재가 돼 있었다. 승진에서도 매번 밀리고 어제 들어온 새내기 한테도 버거운 대상이 돼 버렸다. 묵묵히 해 주는 대로 조직에 순응한 결과가 나를 죽인 것이다. 나름 교육도 열심히 듣고 공부도 스펙도 어느 누구보다 열심히 쌓았으나 관료제적 조직에서는 그것만이 능사가 아니었다. 세상 물정 모르고 자란 나는 영악하지도 그리고 발 빠르게 앞서가지도 못한다. 답답할 때 마다 나는 랠프 왈도 에머슨이 말한 구절을 되뇌이며 명상으로 조용히 위로하며 다시 살아갈 이유를 찾는다.

"최선을 다해 오늘을 완주하고 자리를 떠라,

비록 몇 가지 실수와 바보 같은 행동이 끼어들었더라도,

당신은 할 만큼 했다. 가능한 한 빨리 잊어라,

그럴 수만 있다면 내일은 완전히 새로운 하루가 될 것이다.

완벽한 컨디션으로, 침착하게 그리고 바보 같은

과거를 훌훌 털어낼 수 있을 만큼 산뜻한 기분으로

내일을 맞이할 것이다."

하루를 완주했다면 깨끗이 잊어라. 그러나 머리는 리셋되어 다시 돌아 온다. 늘 잔잔한 악몽을 안고 살아가는 현대인인 나, 나와 같은 사회인이라면 겪었어야 하는 후유증을 가진 사람은 많다. 미투 사건처럼 늘 정치인들이 구설수에 오르는 성희롱이라는 단어는 낯설지가 않다. 그리고 국방부에서도 성희롱으로 자살을 한 모장교 여자분 이런 분들이 머리에 늘 붙어 다닌다. 내가 극복하지 못하면 나 역시 그렇게 될 것 같다. 아무것도 아닌 작은 실수도 커다란 돌멩이로 돌아온다. 이 또한 내가 지혜롭지 못해서 부과되는 업보라고 생각해야 한다. 그리고 극복을 위해 나름의 방식으로 치유한다. 그래도 가장 쉽고 빠르게 효과를 볼 수 있는 방법은 독서에서 찾은 길이다. 도서관의 보물을 찾을 수 있는 사람은 인생을 성공한 사람이다. 그러나 누구나 주어진 공짜의 공간에서 아무것도 발견하지 못하는 사람 그리고 발견은 하되 행하지 못하는 사람은 오늘과 내일이 똑같은 삶이 아닐까? 찾아서 좋아서 그냥 사소하게 흘려 버린 소소한 사건들이 스쳐 지나간다. 그런 소소함이 나를 여기까지 오게 했지만 그런 환경을 버리지 못했다. 참고 인내하고 그러다 보니 어느새 모든 것이 제자리를 지킨다. 모든 것이 순리에 맞게 돌아가니 또 내 영혼은 안주를 하려 한다. 내가 문제였어 다른 사람은 정상이야 당연히 내가 이상한 사람이었어. 이제야 깨닫고 반성하고 내 목표를 이루고자 아닌것도 눈 감고 항의하고 싶은 것도 삼켰다. 나 자신의 목표는 희미해졌지만 그래도 내 가족과 주위 환경이 더욱 살만해 졌다. 애들도 다행히 무탈하게 순리대로 학업을 마치고 제때 자기 몫의 역할을 잘 소화해 준다. 감사한 일이다. 그래서 난 더욱 자중자애 해야 했다. 직접적으로 내게 주어진 보상은 없다. 노동으로 얻은 월급날과 그로 인한 풍요로움이다. 조직에서 젤 예쁜 열매는 승진이다. 승진도 혼자만으로 돼는 것은 아니다. 모든 사람들이 월급과 풍요로움을 위해 질주하고 그것만이 전부인 듯 경쟁도 치열하다. 그러나 어릴 때부터 정서적으로 결핍된 나에게는 만족을 찾을 수 없다. 늘 결핍은 책은 보상해 주지 않을까 해서 책을 찾아 헤맨다. 내 마음과 영혼을 치유할 수 있는 언어들과 생각들을 먹으며 난 자란다. 그러다 보니 어제 일은 오

늘이면 다시 원래의 나로 돌아와 있다. 까맣게 잊힌 건 아니지만 무시
하고 없던 것처럼 행동한다. 정신과 치료가 필요할 정도로 나약했던
시절이 지나고 이것도 면역이 생겨 제법 간단한 욕설과 모욕은 그냥
넘긴다. 인공지능 로봇처럼 감정이 와닿지 않고 느낌이 없다. 이렇
게 세뇌된 내가 너무 불쌍하다. 그렇다고 이성을 잃고 발끈거리는 사
람이 되고 싶은 건 아니다. 어느 정도의 아픔과 화남을 적절히 표현해
서 재발하지 않도록 따끔하게 주의를 주는 그런 멋진 내가 되고 싶은
데 언제나 로봇처럼 그럼 안돼 그냥 웃어넘겨 이런 나 자신이 질리게
싫으면서도 고칠 줄 모른다. 좋은 게 좋은 거야 그렇게 나를 위로하고
당연시하게 놔둔다. 그래서 쌓이는 것은 불만의 찌꺼기로 가득하여
세상 삶이 흐렸다 맑았다 생각도 틀렸다 맞았다가 나를 알 수가 없고
진리가 존재하는지 판단하기 어렵다. 대처방법에 문제가 있었나? 나
를 보호하기 위해 무기가 필요했다. 그래서 아마도 글쓰기에 계속적
인 관심과 노력을 쏟는지 모르겠다. 책속에서 찾은 위로의 글들로 치
유되고 바래지고 잊혀진 소소한 트라우마도 많다. 그래서 아직은 정
신이 약을 찾지 않고도 잘도 견딘다. 그런데 이상한 노릇이다 견디고
극복할수록 더 무겁고 큰 시험들이 나를 짓누른다. 언제까지 오뚝이
가 되어야 할까? 그래서 이젠 나는 오뚝이가 싫다 넘겨져 다시 일어서
기가 쉽지 않다는 걸 누구나 알고 있으면서도 약점으로 이용한다. 그
래서 아마도 2미터 거리두기가 생긴 것인지도 모르겠다. 내가 그들에
게 상처를 줬을 수도 있다. 나도 모르는 순간에 그래서 이해하고 포
용하고 융합하지만 사람은 옹졸하고 이루고자하는 목표치에 성취를

못하면 더 옹졸하고 비겁해 진다. 치매라는 병에 걸리면 기억을 지워 준다는데 기억을 잃어버리면 내가 겪는 악몽도 어쩜 사라지지 않을까? 보이지 않고 증거 되지 않은 이 무게의 죄값을 누가 어떻게 그 사람을 벌 줄 것인가?

증명된 한 사람의 가해자는 사라졌다. 묵묵히 내 자리를 지키고 나를 지키고 내 가족을 지키고 나 자신이 원하는 직업을 지키고 그렇게 난 정신을 쇠뇌 시키며 이 자리와 여기에 존재하고 있다. 내 영혼은 상처투성이다. 그래서 늘 방황하는 자신을 발견하고 새로운 삶의 길을 찾는다. 누가 딱히 알려주지 않고 누가 딱히 가져다 주지 않는다. 다만 스스로 치유하고 스스로 내 영혼이 갈구하는 삶을 지키고자 오뚝이가 되는 것이다. 책이 나를 안아주고 넓혀주고 가능하게 해 준다. 그래서 찾고 발견한 내 삶의 마지막 소명은 글쓰기이다. 스스로 창조하고 만들 수 있는 이야기거리로 물과 에너지를 창조할 수 있는 유일한 저장소 선조때부터 대대로 읽혀져 내려오는 책 속에 길이 있고 삶이 있고 또 다른 길을 만들 수 있는 에너지를 생성할 수 있다는 진실을 믿고 정진한다. 내가 살아온 삶의 길이 누구와 비교되고 아무것도 아닌 다른 누군가에게는 위안과 희망을 찾을 수 있는 유일한 길 안내서이기를 소망하면서 첫 시도를 해 본다.

삶의 무게

    누구나 삶의 무게를 안고 산다. 저마다 무게의 경중은 삶의 환경과 밀접한 관련이 있다. 그리고 내가 살고 있는 환경에서 극복하고 이겨 낼려는 의지는 또 다른 세상으로 나를 안내해 주기도 한다. 나는 너무나 열악한 환경에서 태어났다. 아버지는 가난한 선비 집안에서 태어나 손수 소를 먹이며 유년시절을 보냈다고 하였다. 그러다 공부가 하고 싶어서 소를 버리고 오직 학업에만 집중하여 학교선생님이 되신 자수선가의 대표적인 분이다. 부모님의 아무런 지원도 없이 용감하게 자신만의 삶을 개척하여 나름 파란 만장한 삶을 살다 가셨다. 아버지는 3남 5녀의 자녀를 두셨다. 그기에다 부인이 2명이었다. 정부인에게서 2남 3녀를 그리고 두 번째 부인에게서 1남 2녀를 두었다. 내 기억으로 엄마는 위암으로 내나이 3살경에 돌아가시고 줄곧 새어머니와 살았던 기억만 어렴풋이 남아 있다. 엄마가 돌아가시고 아버지는 박봉한 살림을 참다 못해 학교일을 그만 두시고 생계를 위해 한일합성에 엘리트 대우로 취직을 하셨다. 새어머니 마저도 내나이 6살경 가난한 살림을 참지 못해 이복 막내동생을 데리고 집을 나갔다. 그로부터 큰오빠는 고등학교 1학년 중퇴를 하고 돈벌이에 나섰다. 아버지의 완곡한 만료에도 불구하고 어린동생들을 걱정하여 사회생활을 시작하였다. 큰오빠에 대한 행복한 기억은 내나이 7살즘 타지에서 생활하다 집에 내려와 나에게 옷도 사주고 영화관에 데려간 기분 좋은 기억이 난다. 그래서 늘 큰오빠가 오기를 행복하게 기다리곤 했다.

내가 초등학교 입학할 때즘 아버지와 큰오빠가 일구운 살림밑천으로 마산에서 대구로 이사를 오게 되었다. 그 당시 전세 독채에 중국집을 하면서 가족 8명이 옹기종기 모여 대구중심가인 중구 남산동에 살게 되었다. 난 짜장면을 먹었으며 대구 중심에 위치한 종로초등학교에 다녔다. 이런 나는 가난한게 아니라 나름 풍족한 삶이었다. 그런데 언니와 오빠들은 가게일을 도와야 해서 힘들어한 기억이 난다.

그시절은 한방에서 언니들이랑 넷이 잠을 자고 대식구가 한상에서 밥을 먹었는데 그 시절이 예순이 지난 지금에 생각해 보니 참 그리웁다. 나는 살뜰히 챙겨주는 엄마는 없었지만 언니 오빠들 속에서 무탈하게 잘 자랐다. 문제는 중학생이 될즘 아버지는 주택을 마련하고 중국집을 그만 두었다. 그때부터 내 삶은 암흑으로 가득하다. 생계에 있어 돈은 정말 중요한 수단이다. 육성회비가 없어 학교를 못가고 놀이터에서 하루를 보낸 기억도 난다.

그리고 막내 오빠랑 용돈 벌이로 아르바이트를 했던 기억도 난다. 이렇듯 내 청소년기는 힘든 살림에 제대로 먹지도 입지도 못하였다. 그런데 내가 희망을 늘 안고 살수 있었고 그 빛을 보기까지 끝임없는 삶에 대한 탐구와 노력하는 자는 삶이 더 좋아진다는 진실을 따라 긍정하면서 내 마음을 맑고 밝게 유지하려고 무던히도 애를 쓴 결과다. 그 결과 나는 내가 원하는 삶대로 밝은 길을 잘도 찾아 들어갔고 그속에서 믿음을 발견할 수 있었다. 늘 경건한 자세로 자신이 원하는 간절한 한가지는 우주만물의 원칙인지 아님 삶의 법도인지는 모르지만 만족을 채워 주신 것 같다. 지금 현재 내가 누리고 가지고 있는 삶은 평범하다. 그러나 평범한 삶을 유지하기 위해 내 영혼은 얼마나 많은 삶의 무게들을 느끼고 감내해야 했던가? 늘 척박한 삶의 터전을 옥토로 가꾸고자 묵묵히 시집을 들고 나보다 더 힘든 삶을 살다간 이도 너무 많으니 항상 감사하자고 자신을 다독이며 새로운 에너지로 나를 이끈 것 같다. 그 중에서 단연 최고로 애송하던 시는 윤동주의 서시다.

"죽는 날까지 하늘을 우러러
한 점 부끄럼이 없기를
잎새에 이는 바람에도
나는 괴로워했다.

별을 노래하는 마음으로
모든 죽어가는 것을 사랑해야지
그리고 나한테 주어진 길을
걸어가야겠다.

오늘 밤에도 별이 바람에 스치운다."

윤동주의 서시는 인간의 고뇌를 단순한 언어로 아름다운 자연에 비추어낸 윤동주의 대표작이다. 서시에서 내뿜는 처절함과 순응하는 삶의 길을 잘 표현한 것 같다. 시는 자연스럽게 파고드는 정신적 안식처다. 그리고 나한테 주어진 길을 걸어 가야 겠다. 나역시 묵묵히 삶의 무게를 지고 나에게 주어진 길을 걸어 가야 겠다.

그리고 애송하는 시는 윤동주의 "새로운 길"이다.

새로운 길

내를 건너서 숲으로
고개를 넘어서 마을로

이제도 가고 오늘도 갈
나의 길 새로운 길

민들레가 피고 까치가 날고
아가씨가 지나고 바람이 일고

나의 길은 언제나 새로운 길
오늘도...... 내일도......

내를 건너서 숲으로
고개를 넘어서 마을로

이시는 시련과 고난을 지나고 평화로운 곳 새로운 길로 가는 희망과 설레임을 노래하고 있다. 시의 효용가치에 대해 대대로 내려오는 찬사는 내 삶을 지탱하고 유지할 수 있는 근거자료가 될만도 하다. 시 예찬론자들의 표현은 공감성을 불러 일으키기에도 충분하다. 가장 와 닿는 명언들을 몇가지 추록해 보면 다음과 같다.

　A. 아우구스티누스/ 반회의파에서 "시는 악마의 술이다"라고 표현 하고 있다. 호라티우스/ 시론에서는 "시는 아름답기만 해서는 모자란 다. 사람의 마음을 뒤흔들 필요가 있고, 듣는 이의 영혼을 뜻대로 이끌 어 나가야 한다"라고 표현해 놓았다. I.S 투르게네프의 루딘에는 "시 는 신(神)의 말이다. 그러나 시는 반드시 운문(韻文) 속에만 있는 것 이 아니다. 시는 곳곳에 충일(充溢)한다. 미와 생명이 있는 곳에는 시 가 있다." L.베토벤이 말하기를 "위대한 시는 가장 귀중한 국가의 보 석이다." 플리니우스는 "시는 거짓말하는 특권을 가진다." E.A.포는 "시란 미(美)의 음악적인 창조이다."라고 극찬을 하고 있다.
　고단한 삶이 버거울 때 삶의 무게가 무거울 때 시 한편 낭독해보고 의미를 되새겨 본다. 선조들의 삶은 내가 처한 것보다 더 힘들었을 것 이다. 삶 속에서 희망을 노래하는 시구들은 많다. 언제든 가장 애독하 고 싶은 시인의 글을 손에 들고 음미해 보면 아마 무엇인가 느낄 것이 다. 공감과 새로운 삶의 희망, 빛과 에너지를 얻을 수 있을 것이다.

　사람은 책을 읽는 데 공을 들여야 한다. 책 읽기 실천 여하에 따라 삶의 질은 달라진다. 책이 삶의 질 향상에서 빼 놓을 수 없다. 책은 내가 깊은 수렁에 빠져 있을 때 빠져 나오는 방법과 길을 알려 준다. 나에게 있어 '서시'는 늘 겸손하고, 정성을 다하여 살아 가라고 다독여 준다. 오늘도 나는 별을 세듯 나의 길을 간다. 스스로 다독인다. 솔미야 힘내! 나는 시(詩)가 우주에서 보내는 응원의 소리를 듣는다. 다시 살아갈 에너지를 충전시킨다.

철학서나 사회개발서도 나름 삶의 무게를 가볍게 만들어 주는 역할을 하기에 충분하다. 사람마다 얼마나 읽고 실천 하느냐에 따라 삶의 질은 충분히 달라 질수 있다. 책이 삶의 질향상에서 배놓을 수 없는 것은 사실이다. 책은 아마도 깊은 수렁에서 받아 드리는 사람마다 다르겠지만 충분히 빠져 나올수 있는 방법과 길을 알려 줄 것이다.

가끔은 지혜롭게 살자

2012년 8월 초경부터 업무적 스트레스로 목에 담이 자주오고 어깨가 뭉치며 뼈마디가 이상이 생기면서 고통스러웠다. 그래서 8월초 2주정도 병가를 내고 통원치료로 한약치료를 받았다.

별로 호전이 없었다. 갑자기 업무가 바뀌어 새로 익히는 상황이라 몸상태는 별로 호전되지 않았다. 8월 17일경 드디어 목에서 오른쪽 어깨로 통증이 옮겨 가고 급기야 오른팔에서 손저림 현상까지 나타나 마우스를 잡고 일하기도 힘든 상황이 되었다.

8월 31일경 우리병원(대구시 달서구 본리네거리 위치)에서 CT촬영과 엠알아이촬영 결과 목디스크판정과 함께 수술권고를 받았다.

목을 통해 수술을 해야하며 2주정도 말을 해서는 안된다는 의사의 소견과 함께 주위 지인분들의 수술은 하반신 마비를 초래할 수 있다고 고민해 보고 하라고 해서 무섭고 겁이 났다. 그래서 수술없이 디스크를 치료하는 방법이 없을까 하여 알아본 결과 지인의 소개로 자생한방병원을 소개 받았다. 디스크치료로 꽤 유명한 병원이었다. 그 병원관계자와 상담한 결과 2주정도 입원치료를 받으면 일상생활에 무리없이 복귀가 가능하다고 했다. 대구에는 없어 작은언니가 살고 있는 가까운 울산자생한방병원에 입원치료를 받았다.

빨리 치료받고 업무에 복귀해야 한다는 강박감으로 병원에서 권하는 시료는 다 받았다.

다행이 1주일이 지나면서 호전되기 시작했다. 참으로 신기했다.

비록 침치료, 물리치료, 운동치료, 약물치료 모두가 쉽고 즐거운 치료는 아니었지만 일단은 손저림현상이 없어지니 기분이 한결 좋았다.

업무적 압박감으로 완치하기에는 한달정도 입원치료를 하면 충분할 것 같다는 의사소견을 무시하고 약물치료를 집에서 할 요령으로 입원치료는 13일간 하고 퇴원을 했다.

겁나고 무서운 수술을 하지 않고도 디스크의 고통을 없앨수 있다니 한의약의 높은 의술에 감사했다.

메리츠화재에 실비보험이 가입되어 있어 치료비를 신청했는데 비급여치료비가 대분분이라 실비환급금이 얼마 안된다는 너무나 황당한 결과통보를 받았다. 몸이 아파서 치료목적으로 입원을 했고 그기에 따른 약물치료와 침치료를 했을 뿐인데 보약을 먹었는 것도 아닌데 보약치료받은 취급을 받아서 매달 내는 보험료가 아깝고 불쾌했다.

이렇게 갑자기 닥치는 위급상황에서 든든한 역할을 해야 할 실비의료치료비가 전체 치료액의 10%정도밖에 나오지 않은 사실이 참으로 억울했다.

매달 납입해서 챙겨가는 보험료에 비해 내가 받는 혜택이 고작 이정도라니 순전히 치료목적으로 시료를 받았을 뿐인데 90% 나온다던 실비가 고작 10%라니 이런건 소비자를 농락하는 보험은 뭔가 잘못 돼도 한참 잘못된게 아닌가요? 약재값이 너무 비싸 당황을 했지만 그래도 수술을 무리하게 강행하지 않고도 몸을 보하고 회복될수 있다는 사실에 돈이 문제가 아닌 상황이었다.

사람이 먼저가 아닌가? 보험회사의 처사는 너무 황당하고 억울했다. 그래서 해결을 할수 있는 방법이 없을까 고민 끝에 금융감독위원회에 억울함을 글로써 항의를 했다. 그결과 보험회사 관계자분으로부터 전화가 걸려오고 원하는 환급금을 돌려 받을 수 있었다.

이처럼 글은 어느정도 억울함을 해소해 주는 기특한 역할도 해준다.

독자님들도 자신의 감정을 무시하고 방치하지 마시고 자신의 속 깊

이 박혀 있는 즐거움도 좋지만 억울함 막막함을 책이나 글로써 해소
시키며 새로운 삶을 좀 더 단단하게 만들어 가면 참 좋겠다는 바램에
서 이글을 써 본다.

　건강한 몸을 돌려준 보답으로 이글을 널리 알려 홍보하니 자생한방
병원님 관계자분께 충분한 보답을 한거라고 자부하고 살아도 돼겠죠
~ 감사합니다~

어머니와 서투른 마음

김범준

김범준 1998년 서울에서 태어났다. 경영학과를 졸업했으며, 1년 내내 바람 잘 날 없는 집에서 살고 있다. 이 소설은 작가가 처음으로 완성한 작품이며, 작가의 가족들을 아주 약간 참고하여 만든 소설로, 작가의 아버지를 모티브로 삼은 캐릭터의 관점에서 진행되는 이야기이다. 여기서 주인공 어머니 즉 할머니의 역동적인 말투를 살리기 위해 일부러 맞춤법이 틀린 대사를 넣었다.

12월 어느 날, 치매를 앓고 있던 어머니가 갑작스럽게 돌아가셨다.

장례를 마무리하고 아내와 집에 도착한 나는 알 수 없는 해방감이 들었다. 늘 거실에 앉아 있던 어머니가 소리가 들리지 않는다며 크게 키운 텔레비전 소리도. 고래고래 악쓰던 소리도 들리지 않았다. 거실 에는 실로 오랜만에 고요가 찾아왔다. 소파에 앉아 적요를 만끽하다, 문득 머릿속에서 한 가지 생각이 밤하늘의 별똥별처럼 스쳐 지나갔고, 그 생각에 이끌려 도착한 곳은 어머니의 방이었다. 들어오자 아무 그 림도 없는 백자 항아리가 눈에 띄었다. 지금은 중년인 내가 국민학교 시절 어머니가 이 항아리를 머리에 이고 우물로 향하던 모습이 아직도 생생히 떠올랐다. 나는 그 속에 어머니가 뭔가 중요한 것을 숨겨놓은 듯한 기분이 들어, 백자 안에 손을 짚어 넣었다. 바닥에서 딱딱한 게 잡혀 꺼내보니, 반듯하게 접힌 쪽지였다. 나는 그 쪽지를 펼쳐보았다.

"이... 이건..."

나는 대번에 눈가가 뜨거워졌다.

때는 어머니가 돌아가시기 5개월 전인 7월 새벽, 해가 채 뜨지 않아 어슴푸레한 푸른빛이 가라앉은 거실 한가운데에 접이식 매트리스를 깔고 아내와 자고 있던 나는, 규칙적으로 바닥을 쇠막대기로 치는 듯한 낯익은 소리에 눈을 떴다. 그 소리가 나는 근원지는 분명 부엌 왼쪽의 방문 너머였다. 나는 자는 척을 하며 나지막하게 중얼거렸다.

"또 눈을 떴구나."

방문이 열리자 공중 화장실에서 풍길법한 강렬한 지린내가 나며, 산발로 풀어헤친 흰머리의 우람한 노파가 모습을 드러냈다. 우리 어머니였다. 방문을 나온 어머니는 냉장고에서 냉수를 꺼내 순식간에 들이키고는 거실 중앙을 유심히 쳐다보더니, 큰 소리로 날 부르기 시작했다.

"민준이 애비야!"

곤히 자는 아내와 아들을 어머니의 고함으로 깨울 순 없어, 나는 하는 수 없이 거실에서 일어나 대답했다.

"아니 아침부터 왜 그래요, 가족들 다 자고 있는데."

"내가 오늘 꿈에서, 양복을 차려입은 니 애비가 와서 너저분한 종이학 한 마리를 주길래, 내가 악을 쓰며 필요 없다고 고함을 질렀더니 사라져 버렸지 뭐냐!"

"그건 어제도 이야기하셨잖아요. 그런데 또 꾸신다고요?"

"내가 언제 꿨다고 그래, 이 놈의 새끼야!"

"알았으니까 여기 오늘 신문이나 보세요."

어머니는 내가 들고 있던 신문을 낚아챈 뒤 투덜거리며, 이내 다시 자신의 방으로 돌아갔다. 나는 한숨을 쉬고는 어머니가 왜 이렇게 되었는지 잠시 생각해 보았다. 과거 친구들에게 뛰어난 재력과 명품 의류를 입고 있어, 여사님이라고 불리던 어머니가 이렇게 된 이유는. 지난해 봄 무렵에 병원에서 치매 진단을 받은 후 시작된 것도 있겠지만, 10년 전 아버지가 대장암으로 돌아가시고 난 뒤에 충격이 가시지 않아서이기도 할 것이다. 여기까지만 보면 어머니는 아버지를 정말 사랑하는 것 같지만, 사실 어머니와 아버지의 관계는 정말 말로 설명할 수 없는 부분이 있었다.

고향이었던 북한을 등지고 어머니와 같이 빈손으로 남쪽으로 내려와, 6.25 국가 유공자가 되어 남한에 정착한 아버지는. 어머니와는 다르게 깡마른 체형이었고, 어머니에게 지독할 정도로 같이 사는 데에 염증을 느끼고 있었다. 이유는 바로 아내가 자신이 외출하는 것을 매우 싫어했기 때문이다. 아버지가 밖에 나가면, 어머니는 아버지 몰래 스토킹을 하거나 밤새도록 집 밖에 나간 이유와 뭘 했는지 악을 써대며 물어보며 괴롭혔기에, 날이 갈수록 머리카락이 빠지고 있었다. 그러던 어느 날 아버지는 이웃집 아주머니에게 추파를 던지고 있던 중, 어디서 증기기관같이 날카롭고 가는 고함소리를 내며 나타난 어머니에게 끌려 집으로 돌아왔다. 나는 두 분의 화가 풀릴 때까지 도서관에 가서 시간을 때우곤 했다. 그 외에도 둘은 닮은 점이 매우 많지만, 이걸 일일이 설명하긴 어려워 중략하겠다.

긴 생각이 끝나고 나서 시계를 보니 8시였다. 아내는 부엌에서 쌀을

씻었고, 아들은 어느새 일어나서 이를 닦고 있었다. 아들은 후각이 예민하여, 어머니의 몸에서 나는 독한 채취를 맡으면 스트레스를 받아서 밥을 먹다가도 금세 화장실로 달려가기 일쑤였다. 아내는 우선 아들에게 고추장 돼지 불고기와 파프리카 샐러드를 차려 줬다.

아들은 참새가 모이를 쪼듯 깨작깨작 먹기 시작했다. 그동안 나머지 식사를 차리기 위해 아내는 뚝배기에 된장을 풀었다. 내가 냉장고를 열어 김치와, 감자볶음, 호두 멸치볶음 등의 반찬을 식탁에 꺼내 놓던 중 문 열리는 소리가 났다. 어머니가 문을 열고 나와 식탁 앞에 앉아 기도를 드렸다. 나는 어머니가 치매를 앓고 있는데도 기도만은 잊어버리지 않는 게 신기했다. 몸에서 나는 냄새 때문에 얼굴을 순간적으로 찌푸리며 밥그릇을 들고 자신의 방으로 들어가는 아들에게, 어머니는 말을 걸었다.

"여기 와서 먹어."

그러건 말건 손자는 대꾸도 안 하고 방으로 들어가자, 어머니는 뱀눈 초리로 손자가 들어간 방을 잠깐 째려보더니 막말을 내뱉으며 우리에게 화풀이를 하였다.

"가정교육을 어떻게 시켰기에 새끼가 이 모양이냐!"

"어머니 몸에서 찌린내 나잖아요~"

"저것 봐. 이걸 자식이라고 내질러 놨으니."

"찌린내가 나니까 난다고 그러지, 나지 않으면 말하지도 않아요."

"씌-러! 이 캐 같은 노무 새끼야!"

"알았으니 식사나 하세요."

어찌나 흥분을 했는지. 입에 거품을 무는 것은 물론, 말이 뭉개져서 짐승이 짖는 소리로 들리고 있었다. 여기서 더 말해봤자 어머니는 듣고 싶어 하는 소리만 듣는 못된 버릇이 있기에, 나는 아내를 데리고 아들의 방으로 향했다.

그 곳에는 식사를 먹다 말고, 몸을 떨며 저주의 말을 중얼거리는 아들이 눈에 보였고, 그런 아들에게 나는 말을 읊조렸다.

"빨리 죽었으면 좋겠는데."

"어허, 내가 어제도 말했잖아. 이렇게 함부로 대하면 다음 생에 또 만난다!"

"그건 정말 싫어요!"

"그러니까 조금만 참아라, 이제 살 날도 얼마 남지 않은 분인데."

"하아... 네 알겠어요..."

아들은 마지못해 수긍했다. 나는 어머니의 동태를 살피기 위해 살짝 방문을 열었다. 식탁 위에서는 어머니가 두꺼비 같은 볼을 씰룩거리며, 커다란 입을 벌리고 통통한 손가락으로 이를 쑤시는 묘기를 보이고 있었다. 어떻게 그 커다란 손가락이 입에 들어갈 수 있단 말인가! 손에서 음식 찌꺼기를 능숙한 솜씨로 꺼내 검지와 엄지 손가락으로 돌돌 굴리고, 코로 가져다 냄새를 맡더니 이내 바닥에 던져버리고 거실로 향했다. 나는 어머니가 드시고 남은 반찬을 지워야 하기에 서둘러 방안을 나와, 반찬이 놓인 식탁을 유심히 살펴보았고. 거기서 호두만 쏙쏙 골라 먹은 멸치 볶음이 보였다. 정말이지 편식하는 3살짜리 아이를 보는 것 같았다.

어머니는 소파에 앉아 텔레비전을 응시하고 있었다. 이를 쑤신 손을 닦지도 않고, 리모컨으로 텔레비전을 켜더니 채널을 돌리기 시작했다. 숫자 버튼을 누르지도 않고 채널을 다람쥐 쳇바퀴 돌리듯 한 바퀴 훑어보다, 재미있어 보이는 것이 나오면 시청하는 것이 어머니의 하루 일과였다. 아내는 신장 이식 수술로 몸이 편치 않아서, 내가 설거지를 대신했다. 그렇게 그릇을 닦던 도중에 물소리보다 더 커다란 소리가 들리기 시작했다. 바로 어머니가 격투기 채널의 소리를 크게 키워 놓았던 것이다. 나는 그릇을 조심스럽게 싱크대에 내려놓고, 어머니에게 다가가 다그쳤다.

"시끄럽잖아요. 소리 좀 줄이세요."

"이 놈의 새끼! 안 들리는 걸 어떡하냐!"

"그럼 보청기 좀 끼세요!"

"보청기가 얼만데 니 돈으로 사!"

"네 사다 드릴 테니까 리모컨이나 주세요."

그럼에도 어머니는 리모컨을 주질 않았고, 나는 리모컨을 뺏어서 소리를 줄였다. 옆에서 이를 갈며 어머니가 중얼거렸다.

"내 집에서 내 맘대로 살지도 못하고... 이걸 사람이라고 내질러 놨으니."

"내질러 놔서, 이렇게 잘 먹고 잘 사는 거 아닙니까."

"시끄러! 이놈의 새끼야, 내 집에서 나가!"

"나갈 테니까, 빌린 돈 주세요."

"내가 언제 빌렸다고 그래!"

"30년 전에 빌린 1800만 원 있지 않나?"

이 말을 들은 어머니는 도끼눈으로 째려보더니, 악담을 하며 지팡이도 안 가지고 방으로 발발거리며 돌아갔다. 나는 어머니가 사라진 소파에 누워 주식 시세를 확인했다. 세 가지 종목을 들여다볼 무렵, 아들이 방을 뛰쳐나와 빠른 어조로 말하였다.

"호박이 굴러 떨어지는듯한 소리가 할머니 방에서 난 것 같아요!"

아들의 말을 듣고 나와 아내는 황급히 방문을 열었고, 거기에는 갓 태어난 새끼 강아지처럼 눈을 감고 있는 어머니가 바닥에서 엉덩이로 기어 다니고 있었다. 분명 화장실을 가려다가 넘어진 것 같았다. 그러던 중 나는 강렬한 악취와 함께, 둔부 쪽에서 어머니가 기어 다닐 때마다 짙은 갈색의 줄이 바닥을 도화지 삼아 흔적을 남기는 것을 보았다. 어머니는 대변을 지린 것이었다. 어머니는 이 사실도 모른 채, 화장실 쪽으로 계속 기어갔다. 기어갈 때마다 냄새가 심해졌고, 대변이 바닥에 쓸려 약간씩 배어 나오고 있었다. 나는 이 사태가 더 커지기 전에, 큰 목소리로 어머니를 불렀지만. 방금 전의 앙금이 남아 있던 모양인지, 내 말을 무시한 채 화장실 옆에 있는 작은 창고 쪽으로 발을 올려놓고 창고 입구에 배치된 미닫이 문의 입구를 넘기 위해 열심히 둔부를 털 썩이고 있었다. 어머니의 그런 모습을 지켜보던 아내가, 약간 어이가 없으면서도 날이 선 어조로 말을 건넸다.

"어머니! 뭐하고 계세요."

"민준이 애미야, 나 좀 일으켜 줘."

"체중이 98kg이나 되는데, 제가 어떻게 들어요?"

"됐으니까, 어서 일으켜 줘."

아내가 곤란해하며 어머니에게 다가갔지만, 내가 대신 들어 올리기 위해 어머니의 등 뒤로 다가가 겨드랑이에 두 팔을 감아서 어머니를 일으키려고 했다. 그러자 어머니는 어디가 아픈지 얼굴을 찌푸리며 고함을 질렀다.

"아야! 팔 떨어져 나가! 이놈의 새끼야!"

"아니 들지도 않았는데. 왜 그래요!"

어머니는 아플 때마다 사람에게 밟힌 지렁이 마냥 온몸을 뒤틀며 엄살을 부렸는데. 아들이 방문을 열고 나와서 나에게 조심스럽게 물었다.

"아버지, 설마 할머니 똥 깔고 앉았어?"

"그래, 너도 같이 할머니를 들어 올리는 것을 도와줘라."

"정말 이걸 해야 하나요?"

"그래, 도와주면 내가 피자 사줄게."

아들은 약간 찌푸린 표정을 지었지만 이내 할머니의 허리춤을 잡았고, 나와 아내는 각자 겨드랑이를 팔로 감아서 구호에 맞춰 어머니를 들어 올릴 준비를 했다.

"그럼 하나. 둘. 셋!"

가족 셋이 힘을 합쳐 드디어 할머니를 들어 올리자, 할머니는 가쁘게 숨을 몰아쉬더니 화장실로 발걸음을 옮겼고. 나는 똥냄새와 바닥에 묻은 똥 자국을 치우기 위해, 어머니 방의 창문을 전부 열은 후. 부엌으로 달려가 물티슈를 여러 장 뽑아, 바닥을 닦기 시작했다. 얼마나 바닥에 문질렀는지 빡빡 닦아도, 잘 지워지지 않아 고생을 하던 중에 어머니가 실례를 한 속옷을 들고 화장실에서 나왔고. 그것을 이미 빨아 놓은 세탁물이 있는 세탁기에 집어넣으려고 하자, 바닥을 걸레로 닦다가 그걸 보게 된 아내가 어머니의 행동을 말렸지만. 어머니는 보란 듯이 그것을 세탁기에 던져 놓았고. 아내는 큰 충격을 받아 멍한 표정으로 주저앉고 말았다. 그러거나 말거나 어머니는 식탁에 앉더니, 아들을 부르기 시작했다. 불러도 오지를 않자 성질을 내기 시작한 어머니가 정화조 슬러지 같은 걸쭉한 욕을 하고 있던 중. 화장실에서 나온 아들이 눈에 보이자 어머니는 고함을 질렀다.

"왜 이렇게 늦었어!"

"아니 소변보고 있는데 부르시면 어떡합니까."

"그건 됐고, 컵에 물이나 따라라."

그 말을 듣고 분노한 아들은, 얼려놓은 생수를 뚜껑이 열린 채로 어머니 앞에 내려쳤고. 차가운 물이 튀어올라 얼굴과 입고 있던 상의를 축축하게 만들었다. 물벼락을 맞은 어머니는 분노로 콩깍지 같은 입술이 파르르 떨렸고 새빨갛게 충혈된 눈으로 아들을 노려봤다. 아들도 할머니를 죽일 듯한 눈으로 째려봤다. 바닥에 묻은 똥을 다 닦아 어머니 방에서 나온 나는, 지금 눈앞에 펼쳐진 상황에 뒷골이 아파왔고, 이 모든 것이 꿈이었으면 하는 생각마저 들었지만, 일단 이 둘을 진정시켜야 했다.

"저 노친네를 쳐 죽이겠어."

"아가리에 똥을 한 사발 퍼넣어 버릴 새끼!"

두 사람은 한치의 양보도 없이 팽팽한 말싸움을 하고 있었다. 나는 아들에게 일단 방으로 들어가라고 했으나. 이미 분노로 눈이 뒤집어질 대로 뒤집어진 아들은 근처에 있던 내가 고등학생 때 사용했던 죽도를 들더니 그걸로 어머니를 두들겨 패려고 했지만, 머리를 때리기 전에 불현듯이 무언가 생각이 났는지, 죽도를 거두었다. 그러거나 말거나 어머니는 아들에게 당장 나가라고. 폭탄 폭발음 수준의 커다란 목소리로 악에 받힌 고함을 지르는 것이었다. 나는 아들을 데리고 아들 방에 들어가서 대화를 나누었다.

"아무리 할머니가 미워도 그렇지 가족을 때리려고 하니?"

"하는 짓이 너무 마귀 같아서. 때리려 그랬어요."

"그래도 가족이잖니, 조금만 버티면 될 걸 같고 왜 그래."

"아버지도 할머니 편이죠?"

"당연히 아니지만. 젊었을 때 할머니는 더 심했어. 그래서 옛날에 어머니가 화가 난 날에는 집에 들어오지 않았지."

"…"

아들은 울기 시작했다. 나는 아들을 달래기 위해, 근처에 있는 공원으로 같이 산책을 나섰다. 목적지까지 절반 정도 걸었을 무렵 아들은 나를 쳐다보며 말을 걸었다.

"저기... 아버지는 왜 할머니랑 같이 사시게 된 거예요?"

"가족이니까."

"가족이면 이렇게 가족에게 막 대해도 되는 건가요?"

"사회 구성원의 최소 단위가 바로 가족인데, 그것이 지켜지지 않는다면 그건 짐승이야 짐승."

"그래요...?"

"비록 할머니가 좋은 사람은 아니지만, 그래도 네가 대학을 졸업할 수 있게끔 학자금과 하숙비를 후원해 줬잖아."

"가만히 생각해 보니 그렇네요."

"그럼 할머니에게 잘 대해드려라."

"네, 알겠어요."

아들은 조금이나마 화가 해소된 어조로 대답했다. 공원에 도착한 나와 아들은 하천에 전시된 작가의 조형물을 관람하거나, 스트레칭 기구를 사용하여 운동을 하는 등의 기분전환을 하며 시간을 보냈다.

어느덧 저녁이 되자, 나는 아쉬워하는 아들을 데리고 집으로 향했다. 집 부엌에는 저녁이 차려져 있지만 늘 첫 번째로 밥을 드시러 올 정도로 음식을 좋아하는 어머니가 보이지 않았다. 이유를 묻자 아내는 귀찮다는 듯이 얘기했다.

"민준이랑 다투신 후 방문을 잠가 버리셨던데. 뭐 그러면 어머님만 손해지. "

아내도 지친 기색이 역력했고. 어떻게 해야 할지 고민하던 중에. 어머니가 꾼 아버지 꿈이 생각나서 달력을 보니, 오늘이 바로 아버지와 어머니의 결혼기념일인 것을 알게 된 나는 아내와 의논을 했다. 의논이 끝나자 난 아들에게는 다음과 같은 메시지를 넣었다.

"오늘 할머니와 할아버지 58주년 결혼기념일인데, 제과점 문 닫기 전에 가족 모두 먹을 수 있는 초콜릿 케이크로 사와라."

아내는 어머니와 아버지가 좋아하는 요리를 준비했다. 나는 거실에 놓인 아버지의 사진을 윤기 나게 닦은 뒤, 어머니에게 드릴 선물을 구매하기 위해 자동차를 타고 출발했다. 차로 50분을 달려 도착한 공예품점에서 선물을 물색하던 중 밝은 색으로 알록달록 색칠된 목각 원앙 1쌍이 눈에 뜨였고, 나는 그것을 구매했다. 반짝이는 포장지로 감싸진 선물을 차 옆자리에 싣고, 다시 집으로 출발했다. 집에 도착하자 아들은 케이크와 함께 긴 초를 5개 작은 초를 8개 준비하여 가져왔다. 아내는 어머니와 아버지가 좋아하던 음식인 LA 갈비와 북엇국을 준비했다. 준비가 끝나갈 무렵. 어머니가 모습을 드러냈다. 어머니는 갈비와 북엇국 등의 음식을 보더니 왜 이렇게 잘 차렸냐고 물었고, 나는 어머니와 아버지의 결혼기념일이라고 말해주었다. 어머니는 금세 화색을 띠었고 아버지 사진을 보여주자 너털웃음을 짓더니 욕을 내뱉었다. 분명 욕하는 건데 말투는 쓸쓸했다. 마지막으로 우리는 어머니에게 케이크와 선물 상자를 드렸다. 어머니는 선물을 나무에 손톱을 가는 고양이처럼 순식간에 뜯어 냈고. 거기서 목각 원앙을 발견하게 되자, 어린아이처럼 기뻐했다. 그리고 우리에게 오랜만에 고맙다는 이야기를 해주었다.

그렇게 어머니가 오랜만에 가족들에게 칭찬을 한 지, 벌써 5 개월이 지나 12월이 되었다. 눈구름이 떠나고 햇살이 처마에 맺힐 무렵. 아내가 잡채를 무치며 이제 슬슬 새해에 먹을 떡국을 준비해야 한다며, 나에게 만두를 사 올 것을 부탁했다. 나는 아들을 같이 차에 태워, 차로 20분을 달려 만두집에 도착했다. 그 집에는 매우 많은 사람들이 줄을 서고 있었다. 밖은 추우니, 아들에게 차 안에서 기다려 달라는 말을 남긴 채. 차창을 살짝 열어두고, 나만 차에서 내려 줄에 합류했다. 30분 동안 기다렸더니 내 차례가 왔다. 나는 고기만두 3박스와 김치만두 1박스를 사서 집으로 돌아오던 도중, 병원 근처 사거리 대로변에서 구급차가 지나가는 것을 보게 되었다.

나는 우리 동네에는 워낙 나이 지긋한 사람이 많은 편이고, 동네 주민들과의 관계도 지나가다 얼굴 한번 보는 사이라서. 그다지 중요하게 생각하지 않았다. 집 근처 주차장에 주차를 한 뒤, 비닐봉지에 담긴 만두 박스를 들고 3층에 있는 우리 집의 현관문을 연 순간. 꺼림칙한 느낌이 들었다. 집안에 있는 중문이 활짝 열려 있었고, 매캐한 냄새가 안쪽에서 흘러나왔다. 서둘러 부엌으로 달려가 보니, 음식 찌꺼기가 있는 프라이팬이 가스불이 켜진 채로 표면이 조금씩 타면서 발생한 냄새였다.

가스불을 끄고 나서 한숨을 돌리던 중. 휴대폰이 울리기 시작했다. 휴대폰을 바지 주머니에서 꺼내 수신자를 확인해 보니 아내였다. 나는 가스불을 제대로 간수하지 않은 아내에게 따지듯이 물었다.

"여보세요!"

"가스불 제대로 관리 안 해?! 화재 날 뻔했다고!"

"그것도 큰 문제지만, 지금 어머님이 갑작스럽게 돌아가셔서 병원에 와 있다고요."

"잠깐 뭐라고?"

아내의 말을 들은 뒤 곧장 어머니 방으로 달려가 닫혀있던 방문을 열은 나는 순간 얼굴이 경직되었다. 병원에서 치매 판정을 받은 뒤로 밖에 한 번도 나가지 않았던 어머니의 모습이 보이지 않았고, 어머니가 남긴 악취만 풍길뿐이었다. 나는 아내에게 떨리는 목소리로 말했다

"그... 언제 돌아가셨는데..."

"우선, 110번 빈소로 와!"

"알았다..."

전화를 끊은 후, 아들이 와서 전화의 내용이 궁금하다는 듯 말을 걸어왔다.

"무슨 일이에요?"

"난 장례식장에 갔다 올 테니, 집 잘 보고 있어라."

"네, 알겠어요."

그렇게 마음이 조급해진 나는 검은색 운동복 바람으로 차에 탔고, 근처 종합병원으로 차를 몰았다. 골목길을 빠져나와 대로변에 도착한 순간, 내 눈에 무수한 차들의 행렬이 보였다. 얼마나 많은지 도로가 노을이 내리는 강물처럼 빛을 내고 있었고, 10분 걸릴 거리를 2배인 20분을 소모하고 나서야 종합병원에 도착할 수 있었다. 나는 차를 주차하고 난 뒤, 병원의 장례식장으로 뛰어갔다. 장례식장으로 들어가자, 많은 사람들의 곡소리와 염불을 외는 소리 또는 찬송가를 부르는 소리 등이 한데 뒤섞여 들려왔다. 110호 빈소에 오자 입구에서 검은색 코트를 입은 아내를 볼 수 있었고, 나는 아내에게 물어보고 싶은 것이 많았

기에 서둘러 말을 걸었다.

"돌아가신 것을 어떻게 알게 됐어?! 사망 원인은?"

"그게..."

나는 아내에게 사건의 전말을 들을 수 있었다. 사인은 지병인 당뇨에 의한 뇌졸중으로, 모두가 잠든 사이에 사건이 발생하여 손도 써보지도 못하고 돌아가신 것이었다. 돌아가신 어머니를 처음 발견한 사람은 아내로, 새벽 일찍 일어나시던 어머니가 아침에 식사를 다 차리고도 방에서 나오지 않자 아내가 방문을 열었다가 차갑게 식은 시어머니의 시신을 발견한 것이었다. 상황의 심각함을 느낀 아내가 119를 불러서 어머니의 진찰을 받았는데. 의사는 어머니 돌아가셨다며, 운구용 구급차를 불러 어머니를 싣고 아내에게 장례 준비를 하라고 하였다.

아내는 서둘러 검은색 옷을 입고, 구급차에 몸을 실었다. 그렇게 골목을 지나 병원 근처의 대로변에서. 구급차의 뒤에 있는 창 너머로 내가 운전하던 자동차가 눈에 보이자. 아내는 의사에게 지정된 빈소가 어디냐고 물어보고. 병원에 도착하자마자. 병원 밖에서 나에게 전화를 건 것이었다. 그 사실을 모른 체 화를 낸, 나는 아내에게 사과했다.

새하얀 항아리에 담긴 어머니의 골분은, 아버지와 같이 합장하는 것으로 정하고. 나는 밤새 빈소를 지키다 잠이 들었다. 아침이 밝자, 같이 빈소를 지키던 친척들의 모습은 보이지 않았다. 나는 아버지의 산소로 출발해야 했기에. 아들에게 대전에 있는 할아버지 산소에 간다고 메시지를 보내고 준비된 버스를 타고 그곳으로 향했다. 서울부터 대전까지는 약 2시간이 걸렸기에 버스 안에서 마땅히 할 것이 없는 나는 잠이 들었다.

꿈속에서 다양한 색의 꽃밭이 끝없이 펼쳐진 한가운데에 어머니가 서 있었다. 나는 그쪽으로 뛰어가면서, 큰 소리로 어머니를 불렀다.

"어머니!! 어머니!!!"

내가 어느 정도 다가가자, 어머니가 뒤를 돌아보았다. 늘 인상을 찌푸렸던 현실의 어머니와는 다르게, 꿈속의 어머니는 뭔가 아쉬운 표정을 짓고 있었고, 몸에서는 악취 대신에 은은하게 꽃향기가 났다. 나는 어머니에게 다가가 약간 떨리는 목소리로 말을 건넸다.

"정말 우리 어머니 맞으시죠?"

어머니는 고개를 끄덕거리더니, 나에게 낯익어 보이는 하얀 항아리를 건넸다. 분명 내가 국민학교를 다닐 무렵, 어머니가 우물물을 길으러 갈 때 가지고 가던 그 항아리였다. 나는 항아리 안에 손을 넣어 더듬기 시작했다. 항아리 밑에서 종이학 같은 것이 손에 잡혔고 그것을 꺼내려는 순간, 꿈에서 깨어났다.

정말 생생하고도 이상한 꿈이었다. 옆에 있는 창문을 보니 벌써 대전 현충원에 와 있었다. 나는 아내를 흔들어 깨웠고, 같이 내릴 준비를 하였다. 현충원에는 이미 직원들이 비석을 들어 올려, 합장 준비를 하고 있었다. 나는 조심스럽게 어머니의 골분함을 오른쪽에 있는 빈칸에 놓았고, 아내와 같이 추도 예배를 드리고 난 뒤, 마지막으로 기도를 하고 떠나려고 하자 어디선가 세찬 바람이 불어와 묘지 앞에 있던 은행나무에 잔뜩 쌓인 눈을 전부 털어냈다. 나는 아내와 같이 어머니에게 작별 인사를 건넸다.

"부디 다음 생에는 지금보다 편안한 곳에서 편히 쉬시옵소서"

"다음에 또 올게요."

장례를 마무리하고 아내와 집에 도착한 나는 알 수 없는 해방감이 들었다. 늘 거실에 앉아 있던 어머니가 소리가 들리지 않는다며 크게 키운 텔레비전 소리도. 고래고래 악쓰던 소리도 들리지 않았다. 거실에는 실로 오랜만에 고요가 찾아왔다. 소파에 앉아 적요를 만끽하다, 문득 머릿속에서 한 가지 생각이 밤하늘의 별똥별처럼 스쳐 지나갔고, 그 생각에 이끌려 도착한 곳은 어머니의 방이었다. 들어오자 아무 그림도 없는 백자 항아리가 눈에 띄었다. 지금은 중년인 내가 국민학교 시절 어머니가 이 항아리를 머리에 이고 우물로 향하던 모습이 아직도 생생히 떠올랐다. 나는 그 속에 어머니가 뭔가 중요한 것을 숨겨놓은 듯한 기분이 들어, 백자 안에 손을 짚어 넣었다. 바닥에서 딱딱한 게 잡혀 꺼내보니, 반듯하게 접힌 쪽지였다. 나는 그 쪽지를 펼쳐보았다.

그 쪽지에는 삐뚤빼뚤하게 어머니가 쓴 글씨가 보였다

아들에게

금강산이 보이는 들깨와 참깨 볶는 냄새나던 고향마을에 농장주의 딸로 태어나 모자람 없이 산 나에게 유일하게 모자랐던 것은 친구였단다.

보통학교를 다녔을 때 애들이 못생겼다고 놀렸을 때는 정말 많이 울기도 했고. 친해지려고 비싼 오리 과자를 애들에게 주기도 했지만 과자를 준 당일에만 놀아주는 것을 본 나는 그 누구보다도 악독해지기로 했지.

덕분에 아무도 건드리지 못하게 된 것은 좋은데... 너무 외로웠단다.

늘 농장에서 일하는 머슴들을 악독하게 대하는 아버지를 보며, 친구는 이렇게 사귀는 것이라고 생각하여. 남편이나 아이들에게도 함부로 대했고. 그이가 버티지 못하고 밖을 나가면 그저 못난 자신을 자책하며 바닥에 주저앉아 눈물을 흘리는 일 밖에 할 수 없는 못난 아내였단다.

남편이 죽고 아들인 너와 며느리 그리고 손자가 남았을 때 너희들에게 더 이상 정을 주지 않으려고 일부러 못된 짓을 한 못난 어머니에게, 5개월 전의 선물은 정말 인생을 바꿀 정도였단다. 그 이후 나도 너희들에게 많이 의지하고 싶었지만 80년 넘은 못된 버릇을 고치기란 쉽지가 않아서. 좋은 말을 하고 싶어도, 욕만 나오게 되는 이 어머니 자격도 없는 날 용서해다오...

편지를 다 읽고 나니까, 어머니는 우리들과 가까우면서도 가장 먼 곳에서 홀로 외로움과 싸우고 있었다는 사실을 알게 되었고. 가장 오래 어머니를 모셨기 때문에 어머니에 대해 잘 안다고 생각하던 나 자신에 대한 부끄러움을 느낄 수 있었다. 나는 쪽지를 들고 사색에 잠겼고 이내 중얼거렸다.

"하늘에 계신 어머니에게 이 쪽지를 읽었다는 것을 전달하려면 이 방법밖에 없어."

나는 아들의 방으로 가, 책꽂이에 있는 아내가 취미로 하던 종이접기 책을 꺼내 색종이로 종이학을 접기 시작했다. 오랫만에 해보는 종이 접기라서 잘 되지 않았지만 7번의 실패 끝에 드디어 한 마리를 접는 데 성공했다. 나는 그 기새로 어머니의 쪽지로 종이학을 접었고, 그렇게 완성된 삐뚤빼뚤한 종이학을 어머니 방의 창문과 맞닿은 자개장에 그 종이학을 올려놓았다. 엉성한 종이학의 그림자가 서서히 뜨고 있는 아침해를 향해 고개를 피는 모습을 본 나는 학이 날아가지 않도록 조용히 방문을 닫았다.

-끝-

채워지다

발행 2022년 9월 20일

지은이 성귤, 김명주(金明住), 박진아, 후추, 수현, 김정은, 송은아(宋恩我), 솔미, 김범준

라이팅리더 정성우

디자인 윤소정

펴낸이 정원우

펴낸곳 글ego

출판등록 2019.06.21 (제2019-000227호)

주소 서울특별시 강남구 테헤란로216, 12층 A40호

이메일 writing4ego@gmail.com

홈페이지 http://egowriting.com

인스타그램 @egowriting

ISBN 979-11-6666-173-0